现代企业管理及

其信息化发展研究

王新江 ◎ 著

吉林出版集团股份有限公司

图书在版编目（CIP）数据

现代企业管理及其信息化发展研究 / 王新江著. 一
长春 : 吉林出版集团股份有限公司, 2022.9
ISBN 978-7-5731-2157-8

Ⅰ.①现… Ⅱ.①王… Ⅲ.①企业管理－信息化－研
究 Ⅳ.①F272.7-39

中国版本图书馆 CIP 数据核字 (2022) 第 171410 号

现代企业管理及其信息化发展研究

著　　者	王新江	
责任编辑	郭亚维	
封面设计	牧野春晖	
开　　本	710mm×1000mm　1/16	
字　　数	211 千	
印　　张	12	
版　　次	2023 年 3 月第 1 版	
印　　次	2023 年 3 月第 1 次印刷	

出版发行　吉林出版集团股份有限公司
电　　话　总编办：010-63109269
　　　　　　发行部：010-63109269
印　　刷　北京市兴怀印刷厂

ISBN 978-7-5731-2157-8　　　　　　　　定价：79.00 元

前　言

随着科学技术水平的不断提升，信息化已经融入大众生产生活的方方面面。企业管理信息化在一定程度上能有效应对当前内外部市场环境压力，不断增强企业的核心竞争力，让企业管理效率能够逐步提升，通过信息化手段让企业了解到更多市场发展规律，在信息处理以及管理举措上都够实现创新发展。对信息化技术的合理利用能够帮助企业更有效地完成日常生产经营目标，是企业与市场接轨的重要途径之一，也是现代化企业迎合时代发展的必然趋势。

从当前来看，部分企业管理者还没有充分认识到信息化给企业管理带来的便利。在实际管理工作中还是习惯沿用以往固定的管理模式，没有有效利用当前信息化技术水平，缺少必要的信息化建设管理理念，自身信息化技术水平的利用能力也有待提高，所以这就要求管理者能够创新管理理念，有效掌握当前信息技术，在管理中能够将信息化有效融入，提升信息化建设速度。

本书共有六章。其中，第一章主要论述了企业管理理论及管理信息化发展，包括企业管理的基本理论和企业管理的职能；第二章对企业战略管理及信息化发展进行了研究，包括企业战略管理的内涵、战略目标、战略定位和企业的社会责任等；第三章针对企业人力资源管理及信息化的发展问题进行了讨论，包括企业人力资源规划管理和员工绩效评估管理等；第四章从企业物流与供应链之间的关系分析出发，分别对企业物流、供应链管理及其信息化发展进行了研究；第五章针对企业市场营销管理信息化问题进行了研究，其中重点对企业营销目标、市场定位以及营销的战略导向进行了研究；第六章从企业财务管理的角度出发，分别对企业财务管理理论、财务管理环境、财务管理环节以及财务管理信息化进行了研究和分析。

本书在写作过程中参考了众多专家学者的研究成果，在此表示诚挚的感谢！由于时间和精力的限制，本书的内容可能会存在一定疏漏，恳请广大读者批评指正！

作　者

2022 年 7 月

目　　录

第一章　企业管理理论及管理信息化发展.. 1

　　第一节　企业管理基本理论研究.. 1

　　第二节　企业管理的职能分析.. 7

　　第三节　企业管理信息化建设研究... 24

第二章　企业战略管理及信息化发展... 31

　　第一节　企业战略管理的内涵分析... 31

　　第二节　企业的战略目标与社会责任... 34

　　第三节　企业业务战略定位分析... 43

　　第四节　企业战略管理信息化发展研究....................................... 58

第三章　企业人力资源管理及信息化发展... 63

　　第一节　现代化的企业人力资源管理... 63

　　第二节　企业人力资源规划管理... 70

　　第三节　企业员工绩效评估管理... 76

　　第四节　企业人力资源管理信息化发展研究................................... 85

第四章　企业物流与供应链管理信息化发展....................................... 92

　　第一节　企业物流与供应链关系分析... 92

　　第二节　企业物流管理研究.. 100

　　第三节　企业供应链管理研究.. 110

　　第四节　企业物流与供应链管理信息化发展研究.............................. 116

第五章　企业市场营销管理及信息化发展.. 123

　　第一节　企业市场营销内涵分析.. 123

　　第二节　企业营销目标选择与市场定位...................................... 129

　　第三节　企业市场营销战略导向.. 137

第四节 企业市场营销管理信息化发展研究..............................144

第六章 企业财务管理及信息化发展..150

第一节 企业财务理论分析..150

第二节 企业财务管理环境分析...163

第三节 企业财务管理环节分析...169

第四节 企业财务管理信息化发展研究......................................176

参考文献..183

第一章　企业管理理论及管理信息化发展

第一节　企业管理基本理论研究

企业管理在本质上与其他类型的管理是一致的，都是为了实现既定的目标，都要受到环境的影响和制约，都要开展计划、组织、领导、控制等活动，都要通过他人来实现管理目标。所以，管理的基本原理在企业管理领域同样适用。所不同的是，企业是营利性组织，要面对激烈的市场竞争，企业管理比其他组织的管理更具风险性和挑战性。

一、企业管理的内涵

企业管理是指企业管理者为了实现既定的目标，根据自身的特性及生产经营规律，在特定的环境约束下，充分利用企业所拥有的各种资源所进行的计划、决策、组织、指挥、协调、激励、领导和控制等一系列工作的总称。

从上述定义中，我们可以明确以下问题。

（1）企业管理的目的是实现企业既定的目标。

这就要求企业在开展管理活动时必须制定明确的、可行的目标。这不仅为企业指明了努力的方向，同时也会对企业员工产生一定的激励作用。

（2）企业的管理活动要受到内外部环境的影响和制约。

有利的环境会促进企业的发展，不利的环境也会制约企业目标的实现。因此，对环境进行分析是企业管理活动的重要组成部分。

（3）在企业管理活动中需要投入各种资源。

这些资源包括人力、物力、财力、技术和信息资源。在当今的管理环境下，资源外取已经成为重要的管理理念，即企业通过整合活动来获取希望得到的各种资源。

（4）企业管理由一系列的活动组成。

这些活动包括计划、决策、组织、协调、领导、激励、控制等。这些活动并非孤立存在，而是相互联系、相互渗透、周而复始、循环不息的。

二、企业管理的原理

工欲善其事，必先利其器。企业管理的基本原理是指经营和管理企业必须遵循的一系列最基本的管理理念与规则。目前，关于企业管理基本原理的表述存在着不同的观点，可以说是仁者见仁，智者见智，企业管理的原理具体内容如下。

（一）系统原理

1. 系统的概念与特点

系统是由两个或两个以上相互区别又相互联系、相互作用的要素组成的，具有特定功能的有机整体。一般来说，系统具有目的性、整体性、层次性等特点。系统本身又是它所从属的一个更大系统的组成部分。从管理角度看，系统具有以下基本特征。

（1）目的性。任何系统的存在，都有一定的目的，为达到这一目的，必有其特定的结构与功能。

（2）整体性。整体的功效应大于各个个体的功效之和。任何系统都不是各个要素的简单集合，而是各个要素按照总体系统的同一目的，遵循一定规则组成的有机整体。只有依据总体要求协调各要素之间的相互联系，才能使系统整体功能达到最优。

（3）层次性。每个系统都有子系统，同时它又是一个更大系统的组成部分，它们之间是等级形态。任何系统都是由分系统构成的，分系统又由子系统构成。最下层的子系统是由组成该系统基础单元的各个部分组成。

（4）独立性。任何系统都不能脱离环境而孤立存在，只能适应环境，只有既受环境影响，又不受环境左右而独立存在的系统，才是具有充分活力的系统。

（5）开放性。管理过程必须不断地与外部社会环境交换能量与信息，若系统与外部环境交换信息与能量，就可把它看成是开放的；反之，就可把它看成是一个封闭的系统，而封闭的系统，都具有消亡的倾向。

（6）相互依存性。管理系统各要素之间是相互依存的，管理活动与社会相关活动之间也是相互依存的。

（7）控制性。有效管理系统必须有畅通的信息与反馈机制，使各项工作能够及时有效地得到控制。系统要保持"体内动态平衡"。开放的系统要生存下去，必须从环境中摄取足够的投入物来补偿它的产出物和其自身在运动中所消耗的能量。

2. 企业管理系统的特点

企业管理系统是一个多级、多目标的大系统，是庞大的国民经济系统的一个组成部分，它具有以下主要特点。

（1）企业管理系统具有统一的生产经营目标，即生产适应市场需要的产品，提高经济效益。

（2）企业管理系统的总体具有可分性，即将企业管理工作按照不同的业务需要可分解为若干个不同的分系统或子系统，使各个分系统、子系统互相衔接、协调，以产生协同效应。

（3）企业管理系统的建立要有层次性，各层次的系统组成部分必须职责分明，各司其职，具有各层次功能的相对独立性和有效性。高层次功能必须统率其隶属的下层次功能，下层次功能必须为上层次功能的有效发挥竭尽全力。

（4）企业管理系统必须具有相对的独立性，任何企业的管理系统都是处在社会经济发展的大系统之中，因此，必须适应外部环境，同时又要独立于这个环境，才能使企业管理系统处于良好的运行状态，达到企业管理系统的最终目的——获利。

（二）分工原理

分工原理产生于系统原理之前，其基本思想是在承认企业及企业管理是一个可分的有机系统前提下，对企业管理的各项职能与业务按照一定的标准进行适当的分类，并由相应的单位或人员来承担各类工作。

分工是生产力发展的要求，早在17世纪大机器工业开始形成时期，英国经济学家亚当·斯密就在《国民财富的性质和原因的研究》一书中，系统地阐述了劳动分工理论。20世纪初，泰罗又对劳动分工进行了更深的研究和拓展。分工的主要好处如下。

1. 分工可以提高劳动生产率

劳动分工使工人重复完成单项操作，从而提高劳动的熟练程度，带来劳动生产率的提高。

2. 分工可以减少工作损失时间

劳动分工使工人长时间从事单一的工作项目，中间不用或减少变换工作，从而减少工作损失时间。

3. 分工有利于技术革新

劳动分工可以简化劳动，使劳动者的注意力集中在一种特定的对象上，有利于劳动者创造新工具和改进设备。

4. 分工有利于加强管理，提高管理工作效率

泰勒将管理业务从生产现场分离出来之后，随着现代科学技术和生产的不断发展，管理业务也得到了进一步的细分，并成立了相应的职能部门，配备了专业人员，从而提高了管理工作效率。

分工原理适用范围广泛。从整个国民经济来说，可分为工业、农业、交通运输业、商业等部门；从工业部门来说，可按产品标志进行分工，设立产品专业化车间，也可按工艺标志进行分工，设立工艺专业化车间。在工业企业内部还可按管理职能不同，将企业管理业务分解为不同的类型，分别由相应的职能部门去从事，从而提高管理工作效率，使企业处于正常、不间断的良好运转状态。

分工要讲究实效，要根据实际情况进行认真分析，实事求是。一般企业内部分工既要职责分明，又要团结协作，在分工协作的同时要注意建立必要的制约关系。分工不宜过细，界面必须清楚，才能避免推诿、扯皮现象的出现。在专业化分工的前提下，按岗位要求配备相应技术人员，是保证企业产品质量和工作质量的重要措施。在做好劳动分工的同时，还要注意加强对职工的技术培训，以适应新技术、新方法不断发展的新要求。

（三）弹性原理

弹性原理是指企业为了达到一定的经营目标，在外部环境或内部条件发生变化时，有能力适应这种变化，并在管理上所表现出的灵活的可调节性。现代企业是国民经济宏观系统中的一个子系统，它的投入与生产都离不开国民经济这个宏观系统，它所需要的生产要素由国民经济各个部门向其供给，它所生产的产品又需要向其他部门输出。可见，国民经济宏观系统是企业系统的外部环境，是企业不可控制的因素，而企业内部条件则是其可以控制的因素。当企业外部环境发生变化时，企业可以通过改变内部条件来适应这种变化，以保证达到既定的经营目标。

弹性原理在企业管理中应用范围很广。计划工作中留有余地的思想、仓储管理中保险储备量的确定、新产品开发中技术储备的构想、人力资源管理中弹性工作时间的应用等，都在管理工作中得到广泛的应用，并取得

较好的成效。

近年来，在实际管理工作中，人们还把弹性原理应用于产品价值领域，收到了意想不到的效果，称其为产品弹性价值。产品价值是由刚性价值与弹性价值两部分构成，形成产品使用价值所消耗的社会必要劳动量就是刚性价值；伴随在产品使用价值形成或实现过程中附着在产品价值中的非实物形态的精神资源，如产品设计、制造者、销售者、商标以及企业的声誉价值，都属于产品的弹性价值，又称无形价值或精神价值，是不同产品的一种"精神级差"。这种"精神级差"是产品市场价值可调性的重要标准，是企业获得超额利润的无形源泉，在商品交换过程中呈弹性状态，是当今企业孜孜追求的目标之一。

（四）效益原理

效益原理是指企业通过加强管理工作，以尽量少的劳动消耗和资金占用，生产出尽可能多的符合社会需要的产品，提供更优质的服务，不断提高企业的经济效益和社会效益。

提高经济效益是社会主义经济发展规律的客观要求，是每个企业的基本职责。企业在生产经营管理过程中，一方面要努力降低消耗、节约成本；另一方面要努力生产适销对路的产品，保证质量，增加附加值。从节约和增产两个方面提高经济效益，以求得企业的生存与发展。

企业在提高经济效益的同时，也要注意提高社会效益。经济效益与社会效益是一致的，但有时也会发生矛盾。一般情况下，企业应从大局出发，满足社会效益，在保证社会效益的前提下，最大限度地追求经济效益。

（五）激励原理

激励原理是指通过科学的管理方法激励人的内在潜力的充分释放和发挥，使每个人都能在组织中尽其所能，展其所长，为完成组织规定的目标自觉、努力、勤奋地工作。

人是生产力要素中最活跃的因素，创造团结和谐的工作环境，满足职工不同层次的需求，正确运用奖惩办法，实行科学合理的分配制度，开展不同形式的劳动竞赛等，都是激励原理的具体应用，都能较好地调动人的劳动热情，激发人的工作积极性，从而达到提高工作效率的目的。

激励理论主要有需求层次理论、期望理论等。严格地说，激励有两种模式，即正激励和负激励。对工作业绩有贡献的个人实行奖励，在更大程度上调动其积极性，激励他们完成更艰巨的任务，这类激励属于正向激励；对由于个人原因而使工作失误且造成一定损失的人实行惩罚，迫使其吸取经验教训、做好工作、完成任务，属于负激励。在管理实践中，按照公平、公正、公开、合理的原则，正确运用这两种类型的激励，可以较好地约束员工遵守劳动纪律、调动人的积极性、激发人的工作热情、充分挖掘人的潜力，从而使他们把工作做得更好。

（六）动态原理

动态原理是指企业管理系统必须随着企业内外环境的变化而及时更新或调整自己的经营观念、经营方针和经营目标。为达此目的，必须相应改变传统的管理方法和手段，使其与企业的经营目标相适应。企业在发展，事业在前进，管理要跟得上，关键在更新。运动是绝对的，不动是相对的，因此企业既要随着经营环境的变化，适时地变更自己的经营方法，又要保持管理业务上的适当稳定，没有相对稳定的企业管理秩序，也就失去了高质量的管理基础。

（七）创新原理

创新原理是指企业为实现总体战略目标，在生产经营过程中，根据内外环境变化的实际，按照科学态度，不断否定自己，创造具有自身特色的新思想、新思路、新经验、新方法、新技术，并加以组织实施。

企业创新，一般包括产品创新、技术创新、市场创新、组织创新和管理方法创新等。产品创新主要是提高质量、扩大规模、创立名牌；技术创新主要是加强科学技术研究，不断开发新产品，提高设备技术水平和职工队伍素质；市场创新主要是加强市场调查研究，提高产品市场占有率，努力开拓新市场；组织创新主要是企业组织结构的调整要切合企业发展的需要；管理方法创新主要是企业生产经营过程中具体管理技术和管理方法的创新。

（八）可持续发展原理

可持续发展原理是指企业在整个生命周期内。随时要注意调整自己的经营战略，以适应变化了的外部环境，从而使企业始终处于健康成长的阶段。现代企业家追求的目标不应是企业一时的兴盛，而是长盛不衰。这就需要遵从可持续发展的原理，从历史和未来的高度，全盘考虑企业资源的合理安排，既要保证近期利益的获取，又要保证后续事业得到蓬勃的发展。

第二节 企业管理的职能分析

为了实现组织的利益最大化，管理者或领导者通常会采取各种管理方法，即将管理作为一种手段，辅助自己行使领导、管理的职责与任务。古往今来，每一个成功企业的背后都有一套成熟而富有企业文化特色的管理方法。企业管理的职能主要包含以下几个方面。

一、领导职能

（一）领导的内涵

对不同的管理学学者来说，领导有不同的含义。我们把领导定义为：指挥、带领、引导和鼓励部下为实现目标而努力的过程。这个定义包括三要素：第一，领导者必须有部下或追随者。没有部下的领导者谈不上领导；第二，领导者拥有影响追随者的能力或力量。这些能力或力量包括由组织赋予领导者的职位和权力，也包括领导者个人所具有的影响力；第三，领导的目的是通过影响部下来达到组织的目标。

领导和管理的关系如何？从本质上说，管理是建立在合法的、有报酬的和强制性权力基础上对下属命令的行为。下属必须遵循管理者的指示。在这一过程中，下属可能尽自己最大的努力去完成任务，也可能只尽努力去完成工作。而领导可能建立在合法的、有报酬的和强制性的权力基础上，但是，更多的是建立在个人影响力、专业能力以及模范作用的基础上。据研究，主管人员的职权管理只能发挥职工能力的 60% 左右，主管人员引导和鼓励能激发职工能力的 40% 左右。一个人可能既是管理者，也是领导者，但是，管理者和领导者两者分离的情况也是有的。一个人可能是领导者，但并不是管理者。非正式组织中最具影响力的人就是典型的例子，组织没有赋予他们职位和权力，他们也没有义务去负责企业的计划和组织工作，但他们却能引导和激励，甚至命令自己的成员。一个人可能是管理者，但并不是领导者。领导的本质就是被领导者的追随和服从，它不是由组织赋予的职位和权力所决定的，而是取决于追随者的意愿。因此，有些具有职权的管理者可能没有部下的服从，也就谈不上真正意义上的领导者。从企业的工作效果来看，应该选择好的领导者从事企业的管理工作。非正式组织中有影响力的人参与企业正式组织的管理，会大大提升管理的成效。不具备领导才能的人应该从管理队伍中剔除或减少。

（二）领导的作用

在带领、引导和鼓舞部下为实现组织目标而努力的过程中，领导者要发挥指挥、协调和激励三个方面的作用。

1. 指挥作用

在人们的集体活动中，需要有头脑清晰、胸怀全局，能高瞻远瞩、运筹帷幄的领导者帮助人们认清所处的环境和形势，指明活动的目标和达到目标的途径。领导者只有站在群众的前面，用自己的行动带领人们为实现目标而努力，才能真正起到指挥作用。

2. 协调作用

在许多人协同工作的集体活动中，即使有了明确的目标，但因各人的才能、理解能力、工作态度、进取精神、性格、作风、地位等不同，加上外部各种因素的干扰，人们在思想上发生各种分歧、行动上出现偏离目标的情况是不可能避免的。因此就需要领导者来协调人们之间的关系和活动，把大家团结起来，朝着共同的目标前进。

3. 激励作用

尽管大多数人都有积极工作的愿望和热情，但是这种愿望并不能自然地变成现实的行动，这种热情也未必能自动地长久保持下去。在复杂的社会生活中，企业的每一位职工都有各自不同的经历和遭遇，困难、挫折或不幸必然会影响工作的热情。使每一位职工都保持旺盛的工作热情、最大限度地调动他们的工作积极性、引导不同岗位上的职工朝同一个目标努力、协调这些职工在不同时空的贡献，是领导者在组织和率领职工为实现企业目标而努力工作的过程中必须发挥的作用。

（三）领导者的素养

领导者的素质是指在先天禀赋的生理素质基础上，通过后天的实践锻炼、学习而成的，在领导工作中经常起作用的那些内在要素的总和；修养指的是一个人在思想道德、知识、技能方面达到一定水平所要经历的长期学习和实践的过程。领导者的素质修养，指的是为达到有效的领导目标所要求的水平、素质而做的自我努力过程，简称为素养。领导者的素养包含以下基本内容。

1. 品德素养

对一个领导者的素养要求是多方面的，但品德素养始终是首位的。作为一名优秀的领导者，其品德必须超过被领导的下属，越是高层，品德要求越高。这是因为：首先，一个人的品德会直接影响自己的心理和行为，一个人的能力不仅取决于他的才智，更重要的是取决于他的品德；其次，领导者的品德会直接影响下属在工作中的心理和行为，孔子曰："其身正，不令则从；其身不正，虽令不从。"领导者的高尚品德，是无声的命令，比有声的行政命令要起更大的作用。可以说，领导的艺术首先取决于领导的品德，自身不正，就不能指望发动他人去执行决策。

与智商相提并论的情商，是领导者人格魅力的另一主要来源。领导者应一心为公，不谋私利，谦虚谨慎，戒骄戒躁，不文过饰非，严于解剖自己，实事求是，不图虚名；艰苦朴素，与群众同甘共苦，不搞特殊化，模范遵守规章制度和道德规范；平等待人，和蔼可亲，心胸开阔，不计较个人恩怨，密切联系群众，关心群众疾苦，一视同仁。

2. 知识素养

（1）广博的科学文化知识。

广博的知识、文化能有效地辅助领导者塑造其深厚的底蕴，诸如，心理学、人才学、行为科学、社会学、经济学、法学、史学、美学、文学等，都是形成领导力的无尽源泉。作为领导者应该注重随时随处的点滴积累，积小流成江海，形成丰富的学养，厚积而薄发。

（2）专业知识和管理知识。

领导者应掌握本行业、本企业的相关专业知识，熟悉本企业的产品结构和制造工艺，了解科研和技术的发展方向；应懂得管理的基本原理、方法和各项专业管理的基本知识。此外，还应学习管理学、统计学、会计学、经济法、财政金融和外贸等方面的基本知识，了解国内外管理科学的发展方向。

3. 能力素养

（1）领导者的综合能力。领导者的综合能力包含许多具体内容，可以从以下四个方面来理解。

第一，信息获取能力。领导者应能在纷繁复杂的众多信息中，透过现象看本质，抓住主要矛盾，运用逻辑思维，进行有效的归纳、概括、判断，及时获得最有效的信息。

第二，知识综合能力。成功的领导是科学理论和实践经验相结合的产物，是一门综合性很强的艺术。领导者必须具备灵活性、创造性地综合运用各种知识的能力。

第三，利益整合能力。国家、集体与个人之间，领导者、管理者与普通员工之间，企业与政府之间等，不同利益主体的各自利益常常在某些时候产生矛盾和冲突。领导者必须有能力调整和协调各种利益关系，消除矛盾冲突，使不同人群或地域的利益达到整合。

第四，组织协调能力。领导者应熟悉并善于运用各种组织形式，善于运用组织的力量，协调企业内外各种人力、物力和财力，以期达到综合平衡，获得最佳效果。

（2）领导者的创新能力。领导者的创新能力有多种表现：第一，洞察力。敏锐、迅速、准确地抓住问题要害的能力；第二，预见力。超前把握事态发展趋势的能力；第三，决断力。迅速做出选择、下定决心、形成方案的能力，也就是实际的决策能力；第四，推动力。善于激励下级实现创新意图的能力；第五，应变力。在事物发展的偶然性面前善于随机处理的能力；第六，辩才力。善于识别和起用人才的能力。

4. 心理素养

领导者的心理素养，主要是指领导者应该具有的个性品质类型，表现在以下三个方面。

（1）敢于决断的气质。领导者必须具有决断的魄力，敢于决断不是盲目武断，而是要有切实的情报工作和细致的方案比选。俗话说"一将无谋，累死千军"。领导犹豫不决，是无法动员下属全力以赴地去从事工作的。

（2）竞争开放的个性。领导者需要具有充满自信、豁达乐观，乐于进取、勇于竞争，临变不乱、多谋善断等心理素质，以良好的心理状态投入竞争环境，要养成善于与人交往，倾听各方面意见的开放型性格。对上，要尊重，争取帮助和支持；对下，要谦虚，平等待人；对内，要有自知之明，知道自己的长处和短处；对外，要热情、公平、客观。

（3）坚韧不拔的意志。在当前飞速发展的新形势下，领导者必然要面临许多新情况、新问题，既无前人的经验可借鉴，也无现成的公式可套用，特别是在遇到挫折、走弯路的时候，作为一名领导者绝不能悲观、失望、气馁，要以领导者坚韧不拔的意志从中吸取教训，解除症结。领导者只有在自己的认知心理上树立起必胜的信心，才能冲破前进中的惊涛骇浪，到达胜利的彼岸。

（四）领导方式及其理论

1. 领导方式的基本类型

早期对领导方式的分类是根据领导者如何运用他们的职权来划分的，领导方式的基本类型有以下三种：专权型领导、民主型领导和放任型领导。

（1）专权型领导。所谓专权型领导，是指领导者个人决定一切，布置下属执行。这种领导者要求下属绝对服从，并认为决策是自己一个人的事情。

（2）民主型领导。所谓民主型领导，是指领导者发动下属讨论，共同商量，集思广益，然后决策，要求上下融洽，合作一致地工作。

（3）放任型领导。所谓放任型领导，是指领导者撒手不管，下属愿意怎样做就怎样做，完全自由。他的职责仅仅是为下属提供信息并与企业外部进行联系，因此有利于下属的工作。

领导方式的这三种基本类型各具特色、适用于不同的环境。领导者要根据所处的管理层次、所担负的工作性质以及下属的特点，选择不同的领导方式。

2. 连续统一体理论

美国学者坦南鲍姆和施米特认为，领导方式是多种多样的，从专权型到放任型，存在着多种过渡形式。根据这种认识，他们于 1958 年提出了领导方式的连续统一体理论，并提出了七种典型的领导方式。

（1）经理做出并宣布决策。在这种方式中，上级确认一个问题，考虑各种可供选择的解决方法，从中选择一个，然后向下属宣布，以便执行。他可能考虑，也可能不考虑下属对他的决策的想法，但不管怎样，他不给下属参与决策的机会。下级只能服从他的决定。

（2）经理"销售"决策。在这种方式中，如同前一种方式一样，经理承担确认问题和做出决定的责任，但他不是简单地宣布这个决策，而是说服下属接受他的决策。这样做是表明他意识到下属中可能有某些反对意见，他企图通过阐明这种决策给下属带来的利益以消除这种反对。

（3）经理提出计划并允许提出问题。在这种方式中，经理做出决策，并期望下属接受这个决策，但他向下属提供一个有关他的想法和意图的详细说明，并允许提出问题，这样，他的下属可以更好地了解他的意图和计划。这个过程使经理和他的下属能深入探讨这个决策的意义和影响。

（4）经理提出可修改的暂定计划。在这种方式中，允许下属对决策发挥某些影响作用，但确认问题和决策的主动权在经理手中。他先对问题进行考虑，并提出一个计划，但只是暂定的计划，然后把这个计划交给有关人员征求意见。

（5）经理提出问题，征求建议，做出决策。在这种方式中，虽然确认问题和进行决策仍由经理来进行，但下属有建议权。下属可以在经理提出问题后，提出各种解决问题的方案，经理从他自己和下属提出的方案中选择满意者。这样做的目的是充分利用下属的知识和经验。

（6）经理规定界限，让团体做出决策。在这种方式中，经理把决策权交给团体。这样做之前，他解释需要解决的问题，并给要做的决策规定界限。

（7）经理允许下属在规定的界限内行使职权。在这种方式中，团体有高度的自由，唯一的界限是上级所做的规定。如果上级参与了决策过程，也往往以普通成员的身份出现，并执行团体所做的任何决定。坦南鲍姆和施米特认为，上述方式孰优孰劣没有绝对的标准，成功的经理不一定是专权的人，也不一定是放任的人，而是在具体情况下采取恰当行动的人。当需要果断指挥时，他善于指挥；当需要职工参与决策时，他能提供这种可能。只有这样，才能取得理想的领导效果。

二、决策职能

决策是管理的核心。可以认为，整个管理过程都是围绕着决策的制定和组织实施而展开的。诺贝尔经济学奖获得者西蒙甚至强调，管理就是决策，决策充满了整个管理过程。由此可见决策在管理中的重要地位。

（一）决策的内涵及分类

所谓决策，是指组织或个人为了实现某种目标而对未来一定时期内有关活动的方向、内容及方式的选择或调整过程。这个概念包含四层含义。第一，决策的主体既可以是组织，也可以是组织中的个人；第二，决策要解决的问题，既可以是对组织或个人活动的选择，也可以是对这种活动的调整；第三，决策选择或调整的对象，既可以是活动的方向和内容，也可以是在特定方向下从事某种活动的方式；第四，决策涉及的时限，既可以是未来较长的时期，也可以仅仅是某个较短的时段。

根据不同的标准，我们可以将决策分为不同的类型。

1．组织决策与个人决策

从决策主体来看，可以将决策分成组织决策与个人决策。

（1）组织决策。

组织决策是组织整体或组织的某个部分对未来一定时期的活动所做的选择或调整。组织决策是在环境研究的基础上制定的。通过环境研究，认识到外部环境的变化对组织的存在造成了某种威胁或提供了某种机会，了解到自己在资源拥有和应用能力上的优势和劣势，便可据此调整活动的方向、内容或方式。

（2）个人决策。

个人决策是指个人在参与组织活动中的各种决策。个人参与组织活动的过程，实质上是一个不断地做出决定或制定决策的过程。个人决策通常是在无意中提出并在瞬间完成的；而组织决策都是有意识地提出并解决的，常常表现为一个完整的程序。

2．初始决策与追踪决策

从决策需要解决的问题来看，可以将决策分成初始决策与追踪决策。

（1）初始决策。

初始决策是指组织对从事某种活动或从事该种活动的方案所进行的初次选择；初始决策是在对内外环境某种认识的基础上做出的。

（2）追踪决策。

追踪决策是在初始决策的基础上对组织活动方向、内容或方式的重新调整。由于这种环境发生了变化，或是由于组织对环境特点的认识发生了变化而引起的。显然，组织中的大部分决策属于追踪决策。

3．战略决策与战术决策

从决策调整的对象和涉及的时限来看，可以将决策分为战略决策和战术决策。"战略"与"战术"是从军事学上借用的术语。前者涉及战争的总体政策或方案，或涉及战斗开始前的方案制定，后者则主要与战斗过程中的具体行动有关。在管理学的研究中，战略决策与战术决策的区别主要表现在以下几个方面。

（1）调整对象方面。

从调整对象上看，战略决策调整组织的活动方向和内容，战术决策调整在既定方向和内容下的活动方式。战略决策解决的是"干什么"的问题，战术决策解决的是"如何干"的问题，前者是根本性决策，后者是执行性决策。

（2）时空范围方面。

从涉及的时空范围看，战略决策面对的是组织整体在未来较长一段时期内的活动，战术决策需要解决的是组织某个或某些具体部门在未来各个较短时期内的行动方案，组织整体的长期活动目标需要靠具体部门在各阶段的作业中实现。因此，战略决策是战术决策的依据，战术决策是在战略决策的指导下制定的，是战略决策的落实。

（3）作用和影响方面。

从作用和影响上看，战略决策的实施是组织活动能力的形成与创造过程，战术决策的实施则是对已经形成的能力的应用。因此，战略决策的实施效果影响组织的效益与发展，战术决策的实施效果则主要影响组织的效率与生存。

（二）决策的过程

一般认为，决策过程可以划分为四个主要阶段：第一，找出制定决策的理由；第二，找到可能的行动方案；第三，对行动方案进行评价和抉择；第四，对付诸实施的抉择进行评价。前三个阶段是决策过程的核心，经过评价阶段，又进入一轮新的决策循环，因此决策实际上是一个"决策—实施再决策—再实施"的连续不断的循环过程，贯穿于全部管理活动和管理的各种职能活动过程中。

1. 发现问题

决策过程的第一阶段，首先要求找出关键性问题和认准问题的要害。要找出为什么要针对这个问题而不是针对其他问题作决策的理由。关键问题抓不准或问题的要害抓不准，就解决不了问题，所做的各种决策就不可能是合理的、有效的。发现问题是决策者的重要职责。为此，决策者要进行充分的调查研究，分析在特定环境条件下实际已达到的状况与应达到的理想状况的差距，并进一步查明造成差距的原因。

2. 明确决策目标

问题找到后，决策者就应当着手确定决策目标。在实际工作中会遇到各种问题，于是就同时存在多个目标。这就要求决策者在需要与可能的基础上分清主要目标与次要目标，战略目标与具体目标。在满足决策需要的前提下，应尽量减少目标，要先解决重要目标，再考虑次要目标，确保战略目标的实现。实践证明，失败的决策往往是由于决策目标不正确或不明确造成的。而犹豫不决，通常也是由于目标模糊或目标设立不合理造成的。

3. 拟定可行方案

方案产生的过程是在环境研究、发现不平衡的基础上，根据组织任务和消除不平衡的目标，提出改变设想开始的；在此基础上，对提出的各种改进设想进行集中、整理和归类，形成多种不同的初步方案；在对初步方案进行筛选、补充和修改以后，对确定的方案进一步完善，并预计其执行结果，便形成了一系列不同的可行方案。可供选择的方案数量越多，被选方案的相对满意程度就越高，决策就越有可能完善。为了使在方案拟订的基础上进行的选择有意义，这些不同的方案必须相互替代、相互排斥，而不能相互包容。

4. 综合评价和选择方案

每个实现决策目标的可行方案，都会对目标的实现发挥某种积极作用和影响，也会产生消极作用和影响。因此必须对每个可行方案进行综合的评价和比较，即进行可行性研究。评价和比较的主要内容有三个方面：第一，方案实施所需的条件能否具备，筹集和利用这些条件需要付出何种成本；第二，方案实施能给组织带来何种长期和短期利益；第三，方案实施中遇到风险从而导致活动失败的可能性。

在方案比较和选择过程中，决策的组织者要注意处理好三个方面的问题：第一，要统筹兼顾。不仅要注意决策方案的各项活动之间的协调，而且要尽可能保持组织与外部结合方式的连续性，要充分利用组织现有的结构和人力条件，为实现新的目标服务；第二，要注意反对意见。因为反对意见不仅可以帮助我们从多种角度考虑问题，促进方案的进一步完善，还可以提醒我们防范一些可能出现的弊病；第三，要有决断的魄力。决策者要在充分听取各种意见的基础上，根据自己对组织任务的理解和对形势的判断，权衡各种方案的利弊，做出决断。

5. 检查评价和反馈处理

检查评价和反馈处理是决策过程的最后一个步骤。通过追踪检查与评价，可以发现决策执行过程中出现的偏差，以便采取相应的处理措施进行决策控制。具体追踪处理措施有三种：第一，保持现状，不采取措施；第二，采取措施纠正偏差；第三，修正原决策。到底选择哪一种办法，取决于许多条件。具体地说，如果出现的偏差较小，不致影响决策的全局效果，或纠正偏差需要付出较大的代价或已超出现有的条件，那么往往听任偏差的存在，继续观察；如果对实施结果及偏差原因做出分析后，认为原决策在现有条件下仍然是正确的，或说客观条件的变化还不足以表明具有修正决策的必要，而已经出现的偏差又会影响决策的效果，那么在这种情况下就应采取措施纠正偏差，以保证原决策目标的顺利实现。

三、控制职能

控制是管理的重要职能之一，是实现企业目标的重要保障。没有控制活动，再周密的计划、再明确的经营目标都必将难以实现。因此，为了保证企业经营活动的有序运行，控制工作必不可少。

（一）控制的内涵

"控制"一词起源于古希腊，原意是"掌舵术"，意思是领航者通过命令将偏离航线的船舶拉回正常的航线上来。因此，从传统的观点来看，控制的主要任务就是"纠偏"，即限制偏差的累积。但在管理学领域，控制的含义已经超出了原来的仅仅是"纠偏"的范畴，可以定义为：控制是以计划为前提，通过制定工作标准、衡量偏差以及纠正偏差等活动来实现组织既定的管理目标的过程。

控制工作涉及的内容是多方面的，概括起来，企业的控制内容主要包括人员控制、财务控制、作业控制、信息控制以及企业绩效控制。企业在开展管理活动时应该注意控制的全面性。

（二）控制的分类

按照不同的标准，如性质、对象、内容和范围等，可将控制分为多种类型。例如，我们经常说的前馈控制、现场控制和反馈控制，就是按照控制实施的时间所进行的分类；而直接控制和间接控制则是按照控制的手段进行划分的。正确认识和了解控制的各种类型，对于企业来说是十分必要的。企业只有根据实际情况选择合适的控制类型才有可能进行有效的控制。

1. 控制的基本类型

控制分为预先控制、现场控制和事后控制三种基本的控制类型。

（1）预先控制。

预先控制也称事先控制或前馈控制，是指管理者根据过去的经验或科学分析，对各种可能出现的偏差进行预测，并在此基础上采取一定的防范措施。预先控制的重点是防止组织偏离预期的标准，因此它是一种面向未来的控制。

预先控制的优点是能够防患于未然，而且是对事不对人。这样既可以预防未来偏差的出现，也不至于引发被管理者的对立情绪。因此，预先控制是一种比较理想的控制方法。但事实上至今仍有许多企业忽视了这一点，它们往往将控制的重点放在对事后的处理上，这不能不说是一种遗憾。

虽然预先控制具有上述诸多优点，但它同时也具有一些难以克服的缺陷。预先控制是面向未来的，但未来毕竟是一个未知的领域。在实际的管理过程中，各种出乎人们预料的意外事件随时都有可能发生，这将大大降低预先控制的有效性。因此，在控制活动中，现场控制和事后控制也是不可或缺的重要控制手段。

（2）现场控制。

现场控制是一种发生在计划实施过程中的控制，为了顺利实现计划的目标，管理者直接对计划的执行情况进行现场检查，并及时纠正偏差。由于现场控制是在工作过程中发生的，因此，又被称为实时控制、随机控制、即时控制、过程控制等。现场控制是一种比较及时的控制手段，往往表现为管理者深入到具体的管理活动中，进行直接指导和监督，对出现的偏差立即加以纠正。一般而言，现场控制往往是由管理层次较低的管理者来承担的，这是因为基层管理者的主要工作任务是指导业务工作，而业务工作往往需要被现场监督与指导。

现场控制的有效性很大程度上取决于管理者的个人素质、工作作风和领导方式等。管理者经常使用的现场控制的手段主要有经济手段和非经济手段。一名优秀的管理者应该将这两种手段配合使用，以便达到比较理想的管理效果。

（3）事后控制。

事后控制是一种针对结果的控制，又被称为反馈控制。管理者通过分析工作的执行结果，并将其与控制标准相比较，发现偏差以及造成这种偏差的原因，及时拟定纠正措施并予以实施，以防止偏差继续发展并杜绝此类事件以后再度发生。事后控制是在偏差已经发生的情况下采取的措施，传统的控制方法几乎都属于此类。事后控制最大的缺点是具有滞后性，从衡量结果、发现偏差到纠正偏差之间存在着时间延迟的现象，这样不仅会延误时机，而且还会增加控制的难度。正因如此，事后控制可以被认为是一种"亡羊补牢"式的控制。

尽管事后控制存在滞后性的缺点，但是在许多情况下它却是管理者唯一可以选择的控制方法。因为对于很多事件来说，人们只有在其发生之后才能看清它的结果。从这一点来说，事后控制不仅是必要的，而且是必需的。

2. 控制的其他类型

（1）间接控制和直接控制。根据控制手段的不同，控制可以划分为间接控制和直接控制两种。

间接控制是控制计划执行的结果，即管理者根据计划和预先制定的控制标准对比和考核实际结果，由此发现工作中出现的偏差，分析其产生的原因，并追究有关人员的责任使之改进未来的工作。

直接控制是相对于间接控制而言的，是指通过提高组织成员的素质来更好地开展管理控制工作。直接控制的原则是，管理者及其下属的素质越高，就越不需要进行间接控制，因为他们能够觉察到正在形成的问题，并能及时采取纠正措施。

（2）正式组织控制、群体控制和自我控制。根据控制源的不同，控制可以分为正式组织控制、群体控制和自我控制三种类型。

正式组织控制是指根据组织制定的相关规章制度并由正式的组织机构实施的控制。例如，质检、预算、审计等就是正式组织控制的典型代表。正式组织控制是组织各项工作正常进行的基本保障。

群体控制是指由组织中的非正式组织自发进行的控制，它基于非正式组织成员的价值观和行为准则。非正式组织的行为规范，虽然没有明文规定，但对于组织成员却有着非常大的约束力和控制力。

自我控制是指个人有意识地按某一行为规范进行的活动。自我控制是实施控制的最好方法，具有良好修养、品德高尚且顾全大局的人具有更高的自我控制能力，这也是组织在重用员工时都非常重视其道德修养的重要原因。

以上三种控制有时相互一致，有时也会相互抵触，这取决于组织的文化。有效的管理控制系统应该使这三种控制类型和谐共存并对其综合利用。

（三）控制的基本过程

控制工作是一个系统的过程，其基本过程主要包括制定控制标准、衡量工作绩效、纠正运行偏差三个环节。也就是说，控制是依据一定的标准去衡量实际工作业绩，并采取适当的纠偏措施的过程。因此，控制的首要前提是制定控制的标准。下面就对控制的上述三个基本环节进行分析。

1. 制定控制标准

控制标准的制定是进行有效控制的基础，没有事先制定的一套完备的控制标准，衡量工作绩效和纠正运行偏差也就失去了客观的依据。

2. 衡量工作绩效

衡量工作绩效是控制工作的第二个环节，其主要内容是将实际工作与控制标准相比较，从中发现两者的偏差，并做出判断，为进一步采取控制措施提供全面、准确的信息。衡量工作绩效需要注意三个问题：第一是衡量的要求，第二是衡量的项目，第三是如何衡量。

3. 纠正运行偏差

纠正运行偏差是控制工作的最后一个环节。组织在依据衡量的标准，利用各种方法对工作绩效进行衡量之后，就应该将衡量的结果与既定的标准进行比较，通过比较与分析，从中发现偏差，并采取适当的措施。

四、计划职能

（一）计划的内涵

概括地说，计划就是对未来组织所要从事的事业的谋划、规划和打算。计划包括：确定组织的目标，制定全局战略以实现这些目标，开发一个全面的分层计划体系以综合协调各种活动。计划既涉及目标（做什么），也涉及达到目标的方法（怎么做）。

计划可以进一步分为非正式计划和正式计划。非正式计划是指管理者本人考虑过组织想要达到什么目标，以及怎么实现目标，并不写成文字。非正式计划是粗略的，且缺乏连续性，很少或没有与组织中其他人共享的目标。

本书中使用的计划，是指正式计划。正式计划对每一个时期都有具体的目标，这些目标被郑重地写下来并使组织的全体成员都知道。也就是说，管理当局明确规定组织要达到的目标和如何实现这些目标。

（二）计划的目的

计划是一种协调过程，它给管理者和非管理者指明方向。当所有有关人员了解组织的目标和为达到目标他们必须做什么时，他们就能开始协调活动、互相合作、结成团队。

通过促使管理者展望未来、预见变化、考虑变化的冲击，以及制定适当的对策，计划可以减小不确定性，使管理者能够预见行动的结果。计划还可以减少重叠性和浪费性的活动。

在计划中我们设立目标，而在控制职能中，将实际的绩效与目标进行比较，发现可能产生的重大偏差，采取必要的校正行动。没有计划，就没有控制。

（三）计划的分类

最常用的划分计划类型的方法是根据计划的广度（分为战略计划和作业计划）、时间框架（分为短期计划和长期计划）和明确性（分为具体计划和指导性计划）对计划进行分类。但是，这些分类方法所划分出的计划类型不是相互独立的，它们之间存在着紧密的联系。

1．战略计划与作业计划

（1）战略计划。

战略计划是指应用于整体组织的，为组织设立总体目标和寻求组织在环境中的地位的计划。

（2）作业计划。

作业计划是指规定总体目标如何实现的细节的计划。作业计划趋向于覆盖较短的时间间隔，如月度计划、周计划、日计划；战略计划趋向于持久的时间间隔，通常为 5 年甚至更长时间，覆盖较宽的领域而不规定具体的细节。

战略计划与作业计划在时间框架、范围和是否包含已知的一套组织目标方面是不同的。此外，战略计划的一个重要任务是设立目标，而作业计划则只是在假定目标已经存在的基础上提供实现目标的方法。

2．短期计划与长期计划

（1）长期计划。长期计划描述组织在较长时期（通常为 5 年以上）的发展方向和方针，规定组织的各个部门在较长时期内从事某种活动应达到的目标和要求，绘制组织长期发展的蓝图。长期计划规定的长期目标需要组织的各个部门在未来不同阶段的具体活动中实现。

（2）短期计划。短期计划具体地规定组织的各个部门从目前到未来的各个较短的时间阶段（通常指 1 年以内的期间），特别是最近的时段中，应该从事何种活动，从事该种活动要达到何种要求，为各组织成员在近期内的行动提供依据。

长期计划的目的在于组织活动能力的再生和扩大，因而其执行结果主要影响组织的发展能力；短期计划的目的在于已经形成的组织活动能力的充分利用，因而其执行结果主要影响组织活动的效率以及由此决定的生存能力。

3. 具体计划与指导性计划

（1）具体计划。具体计划具有明确规定的目标，不存在模棱两可，没有容易引起误解的问题。例如，一位经理打算使企业的销售额在未来的 12 个月中增长 20%，他或许要制定特定的程序、预算分配方案，以及实现目标的各项活动的进度表，这就是具体计划。

（2）指导性计划。指导性计划只规定一般的方针，它指出重点，但不把管理者限定在具体的目标或特定的行动方案上。显然，指导性计划具有内在的灵活性。

五、组织职能

（一）组织的内涵及构成要素

组织是一项重要的管理职能，是指根据计划的要求，按照管理中的权利责任关系原则，将所要进行的管理活动进行分解与合成，并把工作人员编排和组合成一个分工协作的管理工作体系或管理机构体系，以实现人员的优化组合，从而圆满实现管理目标的过程。在理解组织的概念时，我们应该注意以下几点：第一，组织由一群人所组成，是一个集体，组织中必须要有成员；第二，组织都是有目标的，组织的目标即群体成员的共同目标；第三，组织是一个系统化的结构，成员按照分工合作体系有效组合。

组织按照不同的分类标准可划分为多种类型，如按照是否以营利为目标，组织可以分为营利组织和非营利组织等。

组织的构成要素主要包括组织成员、组织目标、组织活动、组织资源和组织环境，具体内容为：

（1）组织成员。组织成员是指组织的组成人员。任何一个组织都是一定数量的人的集合，离开了组织成员，组织即不复存在。

（2）组织目标。组织目标是组织成员共同追求的理想或预期成果，是组织凝聚成员的黏合剂。组织目标不仅为组织确定了努力的方向，也具有激励组织成员的重要作用。

（3）组织活动。为了实现共同的目标，组织成员必须从事某种活动。组织活动的内容是根据组织的目标来确定的。例如，某企业确定了下一年度市场占有率增加至 10%的目标，那么该企业就必须开展一系列的相关活动，如增加销售人员数量、增加广告投入、降低销售价格、激励经销商多拿货等。

（4）组织资源。任何组织开展工作活动都需要有资源的支撑，如人力、物力、财力等。组织只有合理利用现有的资源，通过一系列的计划、组织、领导和控制等活动才能实现最终的目标。

（5）组织环境。组织不是存在于真空中的，组织在经营活动过程中要受到各种因素的影响与制约，这些因素共同构成了组织所处的环境，如政治、经济、人文社会、法律、政策、技术、地理、人口、竞争状况等。环境对组织的影响既有可能是有利的，也有可能是不利的，这就需要组织认真做好环境分析工作，并在此基础上制定与环境相适应的经营战略。

（二）组织设计

1. 组织设计的原则

以泰勒、法约尔、韦伯等为代表的古典管理理论学派，对组织的设计提出了许多真知灼见。时至今日，这些观点仍然具有宝贵的价值，其中的一些原则如目标统一、分工协作、统一指挥等已成为组织设计时必须遵循的原则。

（1）目标统一原则。共同的目标是组织建立和存在的客观基础。没有共同一致的目标，组织就很难建成，即使临时建立起来了，也不可能长久生存下去。只有有了明确一致的目标，组织的各个部门和全体成员才有合作的基础，才有共同的行动方向。

（2）分工与协作原则。分工与协作是组织设计的重要原则。组织为了实现目标必须进行劳动分工，劳动分工不仅有利于提高工作效率，也有利于培养某一领域的专家型人才。但管理工作是一项复杂的社会活动，组织目标的实现需要组织成员彼此协作，因此，组织在强调劳动分工的时候，还要加强协作管理。

（3）统一指挥原则。按照早期管理学家的观点，组织在组织设计时应该保证组织中的任何一位员工只服从一个上级并接受他的指挥。虽然该原则在项目管理活动中可能被打破，但依然为绝大多数企业所遵循。

（4）职权对等原则。职权对等原则是指权力与责任应该保持一致，即有权必有责、有责必有权、权责必须对等。只有责任没有权力，必然会导致无权负责，无力负责，无法负责的局面；反之，只有权力而不承担任何责任，无疑会造成权力泛滥，而严重危害组织的机能。

（5）管理幅度原则。管理幅度是指一名上级管理者能够直接而有效地领导下属的人数。管理幅度容易受到工作性质、管理者自身能力、下属的成熟程度等诸多因素的影响，因此，一个管理者直属的下级人员数量是有一定限度的。

（6）因事设职与因人设职相结合的原则。组织设计的根本出发点是实现组织目标，是使目标活动的每项内容都落实到具体的部门和岗位，即所谓的"事事有人做"。故在组织设计过程中，管理者必须首先考虑工作的特点和需要，做到因事设职、因职用人。同时，在组织设计时也要考虑人的因素，要根据职位的需要配备适当的人，确保有能力的人有机会去做他们真正胜任的工作。

2．组织设计的程序

一般来说，一个完整的组织设计程序包括以下七个步骤：

（1）确定组织设计的原则。

确定组织设计的原则是指根据组织的性质、特点、目标及组织所面临的内、外部环境等因素，确定进行组织设计的方针和原则。

（2）确定组织职能。

确定组织职能是指确定组织所需要的管理职能，层层分解到各项管理业务和工作中。

（3）设计组织结构框架。

设计组织结构框架是指组织设计的主体工作，即确定应采取的组织结构的基本形式，进而确定需要设置哪些单位和部门，并把性质相同或相近的业务活动划归适当的单位和部门负责，形成层次化、部门化的组织结构体系。

（4）设计组织的联系方式。

设计组织的联系方式是指通过设计不同管理层次之间、平行管理部门之间的协调方式和控制手段，使组织的各个组成部分联结为一个整体。

（5）人员的配备和训练。

人员的配备和训练是指根据各单位、部门所分管的业务工作的性质和对人员的素质要求，挑选和配备称职的人员及其行政负责人，明确其职务和职称，并进行必要的培训工作。

（6）制定相关规章制度。

制定相关规章制度是指为了组织结构的正常运行，管理者还需要设计一套良好的规章制度，如奖惩制度、考核制度、激励制度等。

（7）反馈与修正。

反馈与修正是指组织设计是一个不断完善的过程，在组织运行过程中，有关部门要根据各种反馈信息定期或不定期地对原有的组织设计方案做出修正，不断完善。

第三节　企业管理信息化建设研究

企业管理信息化在一定程度上能有效应对当前内外部市场环境压力，不断增强企业的核心竞争力，让企业管理效率能够逐步提升，通过信息化手段让企业了解到更多市场发展规律，在信息处理以及管理举措上都够实现创新发展。对信息化技术的合理利用能够帮助企业更有效地完成日常生产经营目标，是企业与市场接轨的重要途径之一，也是现代化企业迎合时代发展的必然趋势。

一、企业管理信息化的重要性

关于企业信息化的定义有数十种之多，视角不同、关注重点不同，是造成人们对企业信息化内涵的理解、描述出现差异的主要原因。尽管如此，普遍的认为企业信息化是指企业以现代信息技术为手段，以开发和利用信息资源为对象，以改造企业的生产、管理和营销等业务流程为主要内容、以提升企业的经济效益和竞争力为目标的动态发展过程。

从 20 世纪 80 年代开始、随着计算机硬件和软件技术的发展，特别是计算机和通信网络技术的日趋融合，企业信息化内容发生了巨大的变化，信息技术在企业中的应用不再局限于企业活动的某些环节，而是逐步地渗透到企业活动的各个领域、各个环节，极大地改变了企业的生产、流通和组织管理方式，推动了企业物资流、资金流和信息流的相互融合。除了技术因素外，企业信息化的范围和内容还因企业规模、类型和性质的不同而呈现出巨大的差异。例如，大型企业和中小型企业的信息化就存在着明显的差异，前者在信息技术应用的深度和广度方面都大大地超过后者。又例如，产品制造业企业和服务业企业也存着明显差别，制造业企业信息化的一个主要内容是产品设计和生产过程的自动化，而服务业企业的信息化则不包括这方面的内容。

关于企业管理信息化的重要意义我们可以从以下两个层面来认识。

（一）提升企业的竞争力

这些年我国的综合实力不断提升，促使市场发展速度不断加快，企业管理对于推动企业经济的发展速度以及企业转型具有关键的推动作用，使得企业在竞争激烈的市场中，有效提升企业的竞争力。在科学技术飞速发展的形势中，对人们的生活和生产方式产生了巨大的影响，人们在工作和生活中越来越离不开信息网络技术。在这样的社会环境中，企业提升自身的工商管理信息化建设，能够在组建员工队伍、拓展职业项目以及提高工作效率等方面发挥着重要的影响作用，增加企业的经济收入，不断提高企业的核心竞争力。

（二）增强资源的利用率

由于企业内部的部门较多，涉及的项目比较繁杂，这样的情况导致企业在进行工商管理时，需要处理大量复杂的事务。现如今我国已经进入了信息化时代，企业管理在运转的过程中，需要紧跟时代发展的步伐，积极转变以往的管理理念和方式，最大限度利用企业的内部资源，提升企业资源的利用率。通过企业管理的信息化建设，有利于提升企业管理的发展步伐，增强工商管理的实用价值，全面了解不同项目的工作流程和工作环节，利用远程监督系统促使企业管理的工作能够得到更好的开展。为了大力推动企业管理的信息化建设步伐，相关工作人员需要不断提升自身对信息化技术的掌握程度，加强自身的工商管理水平，由此可以看出企业管理的信息化建设，能够从整体上提高员工的工作质量，在企业内部形成良性循环，促使企业向着健康的方向长远发展下去。

二、企业管理信息化建设特征

（一）依赖性

这些年在信息化建设的时代背景中，企业在工商管理的信息化建设过程中，意识到信息化的先进性，并且在进行工作时，越来越依赖信息化建设。

出现这样的情况，虽然能够加快信息化建设的步伐，但是会对企业造成消极影响。对于企业管理来说，在信息化建设的过程中，涉及多个工作项目和工作内容，其中的资源可以进行共享，这在一定程度上可以有效提升员工的工作效率。然而企业进行工商管理信息化建设的前提，是信息化技术能够不断进行发展，这样的发展现状需要相应的工作人员，对自身的工作内容和使用途径进行理性的认识，并且要时刻关注信息化的发展趋势，这样才能在企业管理信息化建设的过程中，及时转变自身的管理理念和工作方式。

（二）复杂性

对于企业管理的信息化建设来说，具有复杂性的特点，需要管理部门和工作人员，根据企业管理的信息化建设步伐，规范自身的工作流程和工作内容，在工作中碰到问题时，需要将监督落到实处。另外，企业在工商管理信息化建设过程中，产生的相关数据，都是企业运转的基础性信息，对企业的发展方向和决策内容具有重要的引导作用，促使企业能够通过数据信息，分析相关行业的市场现状，及时转变企业的发展策略，增加企业的经济收益。并且这些数据信息能够有效拓展企业的工商管理职能，提升企业管理的建设速度。

（三）标准统一性

企业在管理进行信息化建设时，为了能够确保管理的各个工作环节能够有效地进行衔接，相关的工作人员就针对企业的发展现状，制定适合企业的管理信息化建设的统一标准，这样才能促使不同部门更好地进行管理信息交流。在企业管理信息化建设的过程中，应加强不同项目资源共享的重视程度，采用上下协同的工作原则，促使管理的信息化建设流程更加完善。与此同时，企业管理信息化建设属于公司内部的体系建设，企业的项目处于变动的状态，这样的运营环境导致企业在管理信息化建设的过程中，需要不断进行修正和完善，并且要坚持利用信息化技术进行管理，促使企业的管理和信息化建设能够有效地结合起来，促使管理的信息化建设能够实现长远发展的目标。

三、企业管理信息化存在的问题

（一）信息化建设速度缓慢

随着科学技术水平的不断提升，信息化已经融入大众生产生活的方方面面，针对企业管理而言，信息化的融入能够不断提升其管理水平以及工作效率，但是从目前实际来看，部分企业管理者还没有充分认识到信息化给企业管理带来的便利。在实际管理工作中还是习惯沿用以往固定的管理模式，没有有效利用当前信息化技术水平，缺少必要的信息化建设管理理念，自身信息化技术水平的利用能力也有待提高，所以这就要求管理者能够创新管理理念，有效掌握当前信息技术，在管理中能够将信息化有效融入，提升信息化建设速度。

（二）企业管理模式没有与信息化做到有效融合

实现企业管理信息化不仅要在管理理念以及模式上融入现代信息化理念和技术，而是要结合当前时代发展背景，从企业自身实际生产经营情况为根本出发点，要充分理解当前背景下对于企业的发展要求，加强对信息化技术的利用和创新，进而满足信息化发展需要。因此，要做到企业管理模式与信息化有效融合，改善以往存在的例如管理者在进行企业管理信息化建设工作时，通过信息化建设最快速度取得收益，过度进行资本投入，使得企业管理与信息化融合时出现不适应性，而达不到预期效果，也会阻碍企业管理信息化建设工作的进行。与此同时，要改善管理者个人的主观管理意识，要做到从客观条件出发，改善固有的企业管理思想模式，要不断进行管理理念的学习和创新，对现代化的相关内容都有所掌握，来满足实际建设需要。

（三）相关法律法规不完善

在当前企业管理信息化建设时，要认识到内外部环境带给企业管理的挑战，管理者应该不断完善相关法律法规，减少违法违规行为的出现，针对以往因缺乏健全的信息化管理制度出现的违法违规行为要加大惩罚力度。在信息化技术的支撑下做好网络宣传工作，减少问题的发生概率，也避免一些不利因素阻碍企业管理信息化的发展速度，通过法律法规的完善，来为企业管理信息化建设工作提供科学有效的依据，能够让相关工作得以顺利开展，与此同时，也能对相关工作人员起到一定的约束作用，让他们能够在工作中发挥出自己的实际价值。

（四）企业管理信息化人才队伍建设问题

在当前社会背景下，企业想要获得一定的竞争优势需要做好人才储备工作，但是从当前现实情况来看，企业管理信息化人才队伍建设还处在一个缓慢的发展过程当中，从企业管理层到基层对于信息化建设都没有一个充分的把握，也缺少相关的培养工作。在企业管理信息化建设过程中，企业人员整体素质都有待提高，对于缺少信息化专业知识培训等现实情况也要予以改善，尤其是关于信息化人才队伍建设问题，要加大培养力度，制定一套可行性方案，避免企业管理信息化建设出现滞缓。

（五）企业管理信息化建设中软件开发能力偏弱

在当前企业管理信息化建设中，在人力、财务等各个部门对于系统的更新换代工作还不到位，软件开发能力偏弱是影响信息化建设的一个重要因素，对于企业来说，供应链条中资源整合工作不到位，对于企业实际生产经营会产生一定的阻碍，不利于企业的长远发展。所以企业应该针对这一方面，适当引用当前先进管理系统，通过资源的有效整合来提升管理效率和质量，也能够不断提高企业的生产经营效率，来实现企业效益的最大化，管理者应该对供应商以及采购成本做一个科学规划，完善软件应用机制，克服实际工作中的难点，将企业管理信息化建设工作落实到位，以此实现企业的常规化科学化运营。对于各个系统部门之间的联系也要不断加强，完善其系统优化配置，实现系统之间的集成效应，来降低企业管理运行成本及风险，让各个环节工作都能够有序进行，达到信息交流的有效性。

四、企业管理信息化发展的基本思路

（一）提升企业管理信息化重视程度

在当前企业管理信息化建设中，企业管理人员要充分认识到信息化管理企业当前发展的重要性，能够不断进行信息化知识的补充与学习，加强自身的文化建设和信息化技能培养，将信息化管理工作落到实处。首先，管理者要意识到信息化管理是一项投入高，进展相对较慢的项目建设，因此要结合企业发展现状与行业背景，从经济、文化、技术以及管理等各个方面做好研究工作，同时要做好资金预算，以便后期能够保证各项环节的顺利实施；其次，在进行企业管理信息化建设时，应该认真了解其他现有且运行相对成功的信息化管理经验，能够从中找到适用于企业自身的关键信息，要事先做好一些应对措施，制定出一套可行性建设方案，对于实际建设过程中出现的问题能够及时做好记录，并且分析其中的原因；最后，在实际工作中，要加大监督管理力度，提升管理层到基层的重视程度，确保全员参与其中，能够献言献策，学习科学的管理和建设方法，从员工素质到企业文化都能够融入信息化的发展模式，最大程度推动企业信息化建设工作。

（二）创新企业管理模式

在当前企业管理信息化建设中，管理者要不断创新管理模式，既符合当前时代发展需求，又能让企业获得更多的竞争优势，要找到适应企业自身的发展与管理模式，提升信息化管理效率。首先，要进行企业结构内部优化，完成好组织改革的相关工作，能够对管理层进行一个全方位的考核工作，对于不足之处及时改进并采取措施，以期能够提升企业管理水平，进而带动信息化发展进程；其次，要合理利用当前信息化技术，在大数据基础上完成好企业生产经营各个环节的工作，从中找到进步的关键点，也能依托于大数据的科学有效性获取一些相关行业信息，来促进企业的发展；最后，依托于信息交流平台，做好信息化宣传工作，加快企业基础设施建设，对网络安全，传输数据做好精准把控，加大信息化建设成本，全方位的实现信息化管理，以此提升工作效率，确保各环节工作都有效进行。

（三）增强企业软件开发能力

在当前企业管理信息化建设中，管理者应该意识到全球经济一体化给企业带来的影响以及发展机遇，认识到当前不仅仅是企业与企业，企业与客户之间的竞争与发展，更重要的是信息化自动化对于企业发展所带来的影响。面对这样的情况就需要管理者能够通过科学决策带动企业朝着信息化方向发展，做好管理信息化建设工作，要顺应时代发展要求，改变传统发展模式，要对硬件设施以及人员配置都有一个正确的掌握，要改善信息化水平的局限性，提升各系统之间的集成度，增强企业软件开发能力。针对以往信息化水平相对落后的情况，管理者应该做到具体问题具体分析，避免信息不对称等情况，例如针对财务部门来说，要在管理系统，资金运算等各个方面做好有效连接，在账务核算，应收应付等环节实现互通机制，做好资金管控的各方面工作，让企业的收支能够处在一个稳定的状态下，在信息技术的基础上，完成好各个环节工作，让企业资金运转符合实际要求，同时也实现企业内部资源的优化配置。

（四）加强企业管理信息化人才队伍建设

在当前企业管理信息化建设中，应该充分发挥人才的作用，为企业信息化管理创造更多发展的可能性，要立足于企业自身加强人才队伍建设工作，培养管理与技术于一身综合型人才。对于"术业有专攻"要赋予更深的时代内涵，要根据企业当前具备较高管理经验或具备专业丰富技能的人才进行针对性的培养工作，让他们能够具备较强的综合能力，企业也要提供一些机会，让他们能够掌握更多的知识技能，为后期企业的发展提供更多的合理化措施，帮助企业员工认识到信息化建设对于个人的积极作用。与此同时，也要做好人才队伍建设的监督工作，能够让队伍建设在公平合理的原则下进行，既满足当前人才队伍建设需求又符合现代化管理需求。

（五）完善相关法规制度

在当前企业管理信息化建设中，为了保证企业管理的有效性，要做好监督工作，不断完成相关法规制度，让企业在一定的制约条件下获得发展，针对国家层面来说，应该将依法治国等理念贯彻在企业管理之中，让企业能够加强自身的经济文化建设，进而做好信息化建设工作，要认识到企业管理中存在的不足，最大限度地予以政策支持，让不同规模不同领域的企业都能获得发展空间，来提升自身的竞争优势。针对企业来说，要始终立足于根本，吸收借鉴相关管理经验，制定出符合当前时代发展的规章管理制度，保证其合法合规合理，为企业信息化建设提供保障，也能有效避免一些违法违规行为，在法律的基础之上做好企业信息化建设，同时也要做好网络安全防范风险措施，来应对信息化带来的各种风险挑战。

综上所述，在当前企业信息化管理中对于以往信息化建设过程中存在的问题要做好记录和分析工作，要看清当前时代发展趋势，结合企业自身实际生产经营情况做好企业信息化管理建设工作。管理者要认识到信息化建设带给企业的发展契机，不断创新管理模式，加强人才队伍建设工作，同时也完善相关规章制度，全方位为企业信息化管理创造发展条件。

第二章 企业战略管理及信息化发展

第一节 企业战略管理的内涵分析

一、企业战略管理的定义与作用

（一）企业战略管理的定义

在动态环境条件下，企业需要通过一系列长期、整体、重大的决策和行为，建立、保持和发挥竞争优势，从而实现企业经营目的，这些决策与行为构成了企业战略。由于企业战略制定和实施的有效性和效率涉及企业整体全局、长期和重大利益，直接影响甚至决定企业的未来命运；企业战略制定和实施的有效性和效率受企业外部环境的各种因素变化、企业利益相关者需求变化的影响，要求企业战略管理者运用计划、组织、任用、领导和控制等管理手段，对企业战略制定、实施、评价与控制活动的有效性和效率进行管理，即实施企业战略管理。因此，本书为企业战略管理给出的操作性定义是：运用管理的计划、组织、领导和控制等手段，对企业的一系列重大、长期和根本性决策的制定、实施和过程进行管理的活动。

（二）企业战略管理的作用

如果从静态视角去分析企业战略对企业建立、保持和发挥竞争优势的作用，就会发现针对企业战略进行管理的作用，主要体现在通过事前、主动和理性的计划和严格的评价与控制机制提高企业建立、保持和发挥竞争优势的有效性和效率。为了保证有效性，围绕如下二个关键问题展开管理活动：企业现在的位置是什么？企业将来要去的位置是什么？企业如何有效和有效率地实现从现在位置到将来位置的转换？为此，企业战略管理者在相对静态的环境下，为保证战略实施的严格性而围绕如下几个关键过程环节展开管理活动：目标分解；计划编制；评价与反馈机制。

随着环境动态化程度的上升，经营环境变化的可预测性降低，企业竞争优势的可保持性降低，从而使及时发挥和建立新的竞争优势变得越来重要。嵌入这种环境下，有效和有效率地建立、保持和发挥企业的竞争优势不但需要事前、主动和理性的计划，而且更需要事中、被动和非理的选择；不仅需要考虑计划执行的严格性，更需要战略行为的恰当性。

在动态环境条件下，为了有效和有效率地建立、保持和发挥企业竞争优势，企业战略管理者需要掌握三个基本原则：第一，承诺坚定，用以保证企业战略行为的连续性；第二，决策科学，用以保证企业战略行为的正确性；第三，行动迅速，用以保证企业战略行动的创新性。

贯彻和坚持上述基本原则的主要作用表现如下：

第一，通过有效的战略制定，明确企业战略中承诺、决策和行动之间的区别和联系，从而在企业战略体系的构建上实现以坚定的承诺保证决策科学的有效性，以科学的决策保证行动迅速的有效性。

第二，通过有效的战略实施与控制，尤其是提供公司治理、组织结构、管理机制和企业文化上的保障措施，从而保证企业在应对环境变化的过程中，不因为行动迅速的要求轻易改变原来的科学的决策，不因为科学的决策的要求而轻易放弃原来的承诺，从而使企业战略行为具有创新性、科学性和连续性。

二、企业战略管理的层次

企业战略管理需要对企业内部各个层次的战略制定、实施和评价与控制活动进行管理。在一个典型的行业或市场多元化经营的大型企业中，企业战略是由三个不同层次主体所制定的战略构成的一个系统。其中，高层次的战略及其战略实施对低层次的战略具有指导和约束作用，但是它并不仅仅是低层级战略的简单叠加，低层级战略的有效管理对高层级战略的有效管理具有支持作用。具体而言，企业战略可分为公司层战略、业务层战略、职能层战略。

（一）公司层战略

公司层战略是行业多元化和市场多元化企业的总部所制定的战略，其主要目的是投资收益率最大化。无论总部与其投资和管理的经营单位是母子关系还是总分部的关系，它主要是通过行业或者市场多元化经营来实现投资收益的最大化。因此，公司层战略的核心内容就是多行业与多市场组合的经营和管理。例如，苏宁集团需要在公司层面战略中明确：集团应该进入或者退出哪些业务，以何种方式对这些业务组合进行管理。

（二）业务层战略

业务层战略（通常也称为竞争战略）是单一行业或单一市场经营单位的战略，无论这种单一行业或单一市场经营单位是不是一个独立法人，其主要目的是市场占有率和利润的最大化：业务层战略主要通过产品和服务的经营和竞争实现市场占有率和利润的最大化，其核心内容包括目标市场与顾客的选择、经营定位和方式的选择，以及根据上述选择，构建与之匹配的价值创造活动的组合与管理模式。例如，美的集团的家用空调事业部，需要明确自身的业务层战略，确定自身的细分市场和目标客户，并对竞争优势和获得竞争优势的相关策略进行定位。

（三）职能层战略

职能层战略是企业内部职能部门所制定的战略，其目的是提高职能活动的有效性和效率。企业内部的各个层级中都存在管理和经营性的职能部门，它们既不是投资中心，也不是利润中心，而是费用或者成本中心。为了实现公司层或者业务层战略，这些职能部门需要根据上述两个层级战略的要求，制定相应的职能战略。例如，苏宁集团的公司层战略已经明确进入某一新的业务领域，如娱乐咨询，集团的人力资源部门就必须针对这一战略制定相应的人力资源战略，为新业务的开展提供人力资源支撑。

三、企业战略管理过程

企业战略管理是一种过程管理，即通过全过程的管理来提高企业战略制定、实施、评价与控制等各项活动的有效性和效率。

（一）战略制定

在战略制定阶段，企业战略管理者需要根据战略意图和宗旨、社会责任和价值观对企业的外部环境和内部环境进行理性和科学的分析，对外部机会、威胁和内部优势、劣势进行诊断，在此基础上，重新确定企业的战略承诺与使命，并根据企业战略的时间跨度，为企业战略意图和宗旨的实现确定阶段性的目标和实现该目标的战略。

（二）战略实施

在战略实施阶段，企业战略管理者的主要任务是将计划好的战略完整并准确地变成现实的战略。为此，企业战略管理者需要对战略目标进行分解，构建战略实施的计划体系，制定相应的职能战略，提供必要的管理支持，包括组织、机制、人员和文化上的支持。

（三）战略评价和控制

在战略实施的过程中，企业战略管理者需要根据不同阶段的战略实施情况和最终目标的实现情况进行评价和控制，并对战略实施的计划和措施进行及时的调整，对企业管理者的行为进行监督与激励。如果这些过程中的微观调整无法达到设想的效果，那么企业战略管理者将可能终止战略实施，并且重新开始新一轮的战略制定过程。

在相对静态的环境条件下，企业战略是一种"点"或者"静态"决策。在企业战略制定阶段，企业战略管理者要准确预测外部和内部环境变化，制定数量化的目标体系，预定所有实现目标的战略选择和措施，包括应急计划。企业战略制定、实施和评价与控制被严格划分为先后相连和头尾相接的三个阶段。一般来说，当企业董事会正式通过或者战略管理者正式决定实施新战略时，战略管理就从战略制定阶段进入了战略实施阶段。虽然在战略实施阶段开始的同时，战略评价和控制工作就已经开始，但最为重要的战略评价和控制工作则应该是在战略实施阶段完成之后，即结果评价与控制。在逻辑上来讲，战略评价和控制阶段应在战略实施阶段之后。

而在相对动态的环境条件下，企业战略被看成是"静态决策"和"动态决策"的结合。在企业战略制定阶段，由于企业战略管理者不可能准确预测外部和内部环境的变化，其主要关注的是战略意图、宗旨和定位、战略重点及战略实施的方式等相对宏观的决策，而战略实施过程中的具体决策，则需要负责实施的企业战略管理者制定，以保证企业在应对环境变化和竞争互动的过程中具有快捷响应的速度和创新能力。从这个意义上说，最终实施的战略并不一定就是最初计划好的战略，或者说计划好的战略可能因为不可预知的变化而被部分放弃。因此，真正实现的战略既有原来预设的部分战略，也包括在战略实施过程中基于应变和创新需要而重新制定的战略。

第二节　企业的战略目标与社会责任

明确的企业使命和愿景回答了企业存在的根本目的和任务，指明了企业未来的发展方向，激起了员工为未来而奋斗的激情，而要将这种抽象的、原则性的描述转化成具体的、可衡量的行动标准，就必须围绕企业的使命和愿景建立战略目标体系。

一、企业战略目标

（一）企业战略目标的内涵及作用

战略目标是企业战略的基本内容，它所表明的是企业在实现其使命、追求其愿景过程中要达到的长期结果，其时限通常为 3~5 年或以上。企业使命和愿景是对企业总体任务的综合表述，一般没有具体的数量特征及时间限定，而战略目标则不同，它是对企业在一段时间内需完成的各项活动进行数量评价。战略目标可以是定性的，也可以是定量的，如企业竞争地位目标、获利能力目标、生产率目标等。

如果一个企业没有合适的战略目标，则势必使企业经营战略活动陷入盲目的境地。正确的战略目标对企业的行为具有重大指导作用：第一，它是企业制定战略方案的基本依据和出发点。战略目标明确了企业的努力方向，体现了企业的具体期望，表明了企业的行动纲领。第二，它是企业战略实施的指导原则。战略目标必须能使企业中的各项资源和力量集中起来，减少企业内部的冲突，提高管理效率和经济效益。第三，它是企业战略控制的评价标准。战略目标必须是具体的和可衡量的，以便对目标是否最终实现进行比较客观的评价考核。因此，制定企业战略目标，是制定企业战略的前提和关键。

（二）企业战略目标的内容

由于企业战略目标是企业使命和愿景的具体化，一方面，有关企业生存与发展的各个方面都可能需要有相应的目标；另一方面，目标还取决于个别企业的不同战略追求。因此，企业的战略目标是多样化的，既包括经济性目标，也包括非经济性目标；既包括定量目标，也包括定性目标。

1. 德鲁克对企业目标的论述

德鲁克认为各个企业需要制定目标的领域是基本相同的，所有企业的生存都取决于同样的一些因素。德鲁克在《管理实践》一书中提出了八个关键领域的目标：①市场方面的目标，即表明本公司希望达到的市场占有率或在竞争中达到的地位；②技术改进和发展方面的目标，即对改进和发展新产品、提供新型服务内容的认知及措施；③提高生产力方面的目标，即有效衡量原材料利用，最大限度地提高产品数量和质量；④物质和金融资源方面的目标，即获得物质和金融资源的渠道及其有效利用；⑤利润方面的目标，即用一个或几个经济目标表明希望达到的利润率；⑥人力资源方面的目标，即人力资源的获得、培训和发展，以及管理人员的培养及其个人才能的发挥；⑦员工积极性发挥方面的目标，即员工激励、报酬等措施；⑧社会责任方面的目标，即注意公司对社会产生的影响。

2．格罗斯对组织目标的论述

格罗斯在其所著的《组织及其管理》一书中归纳出组织目标的七项内容：①利益的满足，即组织的存在应满足相关的任何组织的利益、需要、愿望和要求；②劳务或商品的产出，即组织产出的产品包括劳务和（有形的或无形的）商品，其质量和数量都可以用货币或物质单位表示出来；③效率或获利的可能性，即投入-产出目标，包括效率、生产率等；④组织生存能力的投资，即组织能力包括存在和发展的能力，有赖于投入数量和投资转换过程；⑤资源的调动，即从环境中获得稀有资源；⑥对法规的遵守；⑦合理性，即令人满意的行为方式，包括技术合理性和管理合理性。

（三）企业战略目标的一般内容

不同企业根据自身生存与发展的需要，在其企业使命和愿景的指引下，往往从下列目标中进行选择以制定自己的战略目标。

1．盈利能力

企业经营的成效在很大程度上表现为具有一定的盈利水平，它通常以利润、资产报酬率、所有者权益报酬率、平均每股收益、销售利润率等指标来表示。

2．生产效率

企业要不断地提高生产效率，它经常用投入产出比率、年产量，设备自动化水平等指标来表示，有时也会把产品成本降低率、产品质量、废品率等指标作为企业生产效率指标来分析。

3．市场竞争地位

企业经营成效的表现之一是企业在市场上竞争地位的提高，特别是我国的一些大企业应当经常把在国际、国内的市场竞争地位列为一个目标，以测定其在竞争中的相对实力，通常以市场占有率、总销售收入、准时交货、增加售后服务项目、顾客满意度、比竞争对手有更好的企业形象等指标来表示。

4. 产品结构

反映产品结构的指标，常用的有产品线的宽度与深度、企业新产品产值占企业总产值的比例、新产品销售额占总销售收入的比例、新开发产品数、淘汰产品数等。

5. 财务状况

企业财务状况是企业经营实力的重要表现，尤其是我国的许多大中型企业财务状况不佳、竞争力低、活力不强，因此应当把企业财务状况作为企业经营的一个重要目标，它通常以资本构成、流动资金、新增普通股、红利偿付、固定资产增值、总成本、收益增长、提高资本回报率、获得经济附加价值、良好的证券和信用评价等指标来表示。

6. 企业的建设和发展

企业应适应内外部环境变化的需要而不断发展，因此企业的建设和发展应成为企业战略目标中的一项重要内容。这方面的指标有：年产量增加速度，经济效益提高速度，企业生产规模的扩大，生产用工作面积的扩大，生产能力的提高，生产自动化、数控化、计算机化水平的提高，企业管理水平的提高等。

7. 企业的研发

企业未来战略期内在技术上应达到什么水平，这往往也是企业战略目标中的重要内容，企业必须从现在行业的实际技术水平出发，决定在未来战略期内的技术状态。这方面的指标有：应完成的开发和创新项目、新产品开发费用占销售额的百分比、新产品开发速度、获得的专利数等。

8. 人力资源的开发

企业的发展不仅依赖于员工、技术人员的数量增加，还依赖于企业内所有人员素质的提高。目前我国大多数企业员工过多而素质不高，在这种情况下，在企业内实施战略是极为困难的。因此，应注意对企业员工的培养，为员工提供良好的发展机会，不仅可以提高员工积极性，而且有利于企业吸引优秀的人才，为此企业人力资源的开发应作为企业战略发展目标。这方面的指标有：在未来几年内企业培训人数及培训费用，技术人员占全体员工比例的增长，员工技术水平的提高，人员流动率、缺勤率及迟到率的降低等。

9. 员工福利

企业员工的福利待遇满足状况对企业生产经营有直接的影响，这是企业发展的内在动力，是衡量企业经营效果的一个尺度，因此，改善企业内人群关系和提高员工福利待遇是企业战略目标的一个组成部分。这方面的指标有：在未来几年内企业人均工资水平的提高、对有贡献的技术人员及其他人员的奖励水平的提高等。

10. 企业的社会责任

企业作为社会中的一个子系统，对社会需要承担一定责任，因此企业只履行自身的经营责任是远远不够的，它还要考虑到社区、消费者、相关企业、股东、社会整体以及国家的利益。因此，企业不仅应具有经济观念，还应具有社会观念、公众利益观念及人类生存与发展观念。企业的社会责任包括两个层次：

第一个层次是企业生产经营的直接关系，主要是指与企业直接发生的多种社会关系，主要包括企业与员工、企业与供应企业（能源、原材料、零部件、设备、技术、资金等供应企业）、企业与销售企业（批发与零售企业）、企业与消费者、企业与股东、企业与竞争企业的关系，等等。企业要实现自己的战略目标，要使自己的产品得到市场实现，就必须调整好与供应企业、销售企业、消费者、竞争企业以及股东和员工的关系，并支持他们的工作。

第二个层次是企业生产经营的间接关系，主要是指企业的社会影响或企业的非市场关系，主要包括企业与国家各级政府、企业与各种社会团体组织（妇联、工会、消费者协会、环境保护组织、宗教团体等）、企业与传播媒介（如报纸、广播电台、电视台等）、企业与企业界赞助支持的组织（如体育界的各种组织、残疾人组织、教育组织等）、企业与所在社区、企业与国际上的各种企业团体组织的关系，等等。企业在力所能及的范围内也要支持政府及各种社会团体组织的各项工作。

以上这 10 项指标并没有把作为企业战略目标的全部内容都包括进来，每个企业仍可根据自己的具体情况列出适合本企业的战略目标。并非每个企业都需要按照上述 10 个方面列出自己的战略目标，而应该根据企业的具体情况有重点地突出几项对企业未来发展具有关键作用的战略目标。

二、企业社会责任

企业社会责任的提出与讨论已有数个世纪之久，其思想起点是亚当·斯密提出的"看不见的手"。企业社会责任的理念发源于西方的责任伦理。谢尔顿于 1924 年首次提出了这样的概念，时至今日已经被广大企业界接受。近年来，随着我国对外经济贸易的发展和对外交流的深入，企业社会责任运动逐步引入我国，其中包括 SA 8000 和各大跨国公司自行制定的数百个生产守则对我国出口企业的认证与审核，使我国外向型经济受到了较大的冲击，引起了我国各界的广泛关注，多数企业已经将企业社会责任纳入战略管理的范畴，并实施形式多样且有成效的企业社会责任行为。

理论界与实践界对企业社会责任的概念与内涵已经有了认知，即企业不仅要履行对所有者、股东的责任，还要履行对其他利益相关者，如消费者、供应商、社区、环境、员工等的责任。近几十年世界各地的消费者保护运动、环境保护运动等社会责任运动，使得不少国家的企业纷纷提出要做"企业公民"，全面考虑企业在商业生态系统中的位置，以及需要对利益相关者实施怎样的社会责任。

（一）企业社会责任的结构与内容

阿奇·卡洛尔认为企业管理者有四种责任：经济的、法律的、道德的、自愿的。

（1）经济责任是提供对社会有价值的物品和服务，以使公司能够回报股东和债权人。

（2）法律责任是希望管理者遵守政府的法律规定。

（3）道德责任是按照一个社会中的普遍信仰行事。例如，社会一般都希望企业与员工、所在社区共同应对短期失业，但法律并没有这样要求。

（4）自愿责任完全是公司自愿承担的责任，例如，慈善捐赠、训练经常失业者、提供托儿所等。道德责任与自愿责任之间的差异在于，只有极少的人期望公司履行自愿责任，多数人都希望公司履行道德责任。

卡洛尔按照这四种责任的优先次序依次列出。企业首先必须盈利，以履行其经济责任。为了持续生存，它必须遵守法律，从而履行法律责任。在这两点上，卡洛尔与弗里德曼是有共识的。但是，卡洛尔进一步认为，企业管理者还负有经济与法律之外的责任。按照卡洛尔的观点，公司履行好上述两种基本责任之后，就应当履行其社会责任。社会责任包括道德责任和自愿责任两个方面，但是不包括经济责任与法律责任。企业要做那些法律中没有规定但是社会认为有价值的事情，以履行道德责任。履行好道德责任之后，企业就能集中于自愿责任，这些纯粹是志愿行动，社会并没有要求企业必须这么做。

今天的自愿责任，在未来也许会成为道德责任。例如，提供托儿所，很快就从自愿责任转化为道德责任。卡洛尔认为，如果公司没有认识到某些道德责任或自愿责任，社会就会通过政府采取行动，使它们成为法律责任。而且，政府在做出行动时，是不会考虑公司的经济责任的。

卡洛尔认为，如果企业不履行社会责任，就会导致政府增加法律法规，从而降低公司效率。从企业发展的长远角度来看，人们越来越认为企业应承担更多的社会责任。

（二）企业践行社会责任的意义

著名的经济学家萨缪尔森认为企业应该承担社会责任，这种社会责任是超出经济及法律责任之外的。企业生产和经营若只是符合法律的要求，那并不是真正意义上的承担社会责任，因为这正常社会秩序对经济组织的基本要求。履行社会责任，有助于企业的发展，主要体现在以下几点。

1. 长期利润极大化

在支持社会责任的许多论点中，最流行的论点之一是企业的长期自利论点。这个论点认为社会预期企业会为社会做出各种各样的贡献，企业如果想在长期获利的话，就必须提供这些财富。对其社区的需要最为敏感的厂商，将会有一个较好的社区供它在其中营运。招募员工将比较容易，员工的素质将较高，员工流动和缺勤的情形将减少。由于社会改良的结果，犯罪将减少，从而可节省花在保护财产上的支出，缴纳较少的税费去支持警方。这种论点可引申到各方面，显示好的社会和市场环境可以催生好的企业环境。

2. 企业良好的公共形象

与长期自利密切相关的是公共形象的观念。每个企业都在寻求树立良好的公共形象，从而获得较多的顾客、较好的员工和其他利益。这类行为是企业的传统行为，依照这种推论，社会目标是目前社会大众最为优先的事项之一，因此，企业想要塑造一个有利的公共形象，就必须表现出它也支持这些社会目标。

3. 企业持续生存与成长能力

公共形象的观念是指对整个企业体系而言，企业机构只有提供对社会有价值的服务才能存在。而在企业未能符合社会的预期时，社会可随时修改或撤销它给企业的社会角色和社会权力。因此，如果企业想保留其现有的社会角色和社会权力，就必须对社会的需要有所反应，并把社会想要的事物提供给社会。这就是"责任的铁律"，因此从长期来说，那些不能以社会认为负责任的态度来使用权力的人，将丧失该种权力。虽然长期可能需要数十年甚至几百年，但历史似乎证实社会终将采取行动，以减少那些不负责任地使用权力者的权力。

4. 避免政府的介入管制

政府的管制会增加企业的成本，限制其决策的弹性。企业最好能有制定决策的自由，才能维持主动以适应市场和社会因素；企业如能自己负担更多的社会责任，就可避免政府介入新的管制，使得公共利益和私人利益能够兼顾。

5. 为股东创造打开权利的新机会

企业从事负责任的行为是最符合股东利益的，尤其对分散投资于不同事业的股东而言也是具有非常高的价值的。在一项有关企业参与都市问题的调查中，60%的企业主管认为他们的活动将有助于股东捕捉巩固和扩大权利的新机会。

6. 将社会问题变成利润

社会问题往往会变成企业创新能力的方向，企业若能将社会问题加以处理，则可以变成利润。因此应鼓励企业积极参与社会领域，如化学公司发现可从废物利用中获利。

（三）企业社会责任管理模型

1. 基于系统管理理论的分析

按照弗里蒙特·卡斯特（Fremont E. Kast）的描述，系统管理理论主要包括系统哲学、系统管理和系统分析三个方面。第一，系统哲学认为，系统是一个有目的性的组织或综合整体，这种组织或整体强调各个组成部分之间的联系，主要适用于企业经营系统中的战略分层系统。这个分层系统根据系统的观念，把组织和环境联系起来，使组织和环境一体化。第二，系统管理是把企业作为一个系统来设计和管理，基本特征是"重视目标，重视责任（能够被衡量），重视人（强调人的重要作用）。强调分系统之间的相互关系，从整体协调组织内部的各种活动一体化。第三，系统分析是解决管理问题或决策的方法和技术。包括对问题的认识，分析和综合各种因素，并确定一个最优的解决方法（管理模式）或行动方案。分析表明，系统管理理论是将企业的目标与价值、社会环境、技术、管理、组织结构等子系统有机地结合而形成大系统的整体功能性，而不是简单叠加成为一个功能体系的组合。

按照系统管理的思想，管理系统也应当具有整体结构，但与企业系统的目标与价值、社会环境、管理过程、组织结构等子系统要素不同，管理系统则包括"目标、主体、客体、职能和环境"等子系统，其中"管理主体、管理客体和管理职能"构成核心子系统，这些子系统之间相互协调构成了一个有机系统结构；同时，管理者要识别组织内部外部环境对管理活动的影响因素，并将这些因素纳入系统管理中。由此研究认为，系统管理理论的"管理系统整体结构和影响系统（子系统）结构主要因素"的管理思想，企业社会责任管理系统结构思想是一致的。

2. 基于霍尔三维结构模型的设计

霍尔三维结构模型是解决复杂系统规划、组织和管理问题的一种思想和方法，基本原理是用时间维、逻辑维和知识维所组成的三维系统工程方法，表征了系统工程研究的结构体系框架思想。按照霍尔模型的设计思想，时间维表示系统活动按时间顺序排列的过程；逻辑维表示时间维的每一个阶段内所要进行的工作内容和应该遵循的思维逻辑；知识维表示完成上述活动过程、活动内容和思维程序所需的一些管理知识和相关学科的知识与技能。

按照霍尔模型的设计思想，"时间维"可以理解为实施企业社会责任管理而应当采取的规范管理过程，即企业社会责任管理的"过程维"；"逻辑维"表示的"工作内容和思维逻辑"，在孙荣霞的项目融资风险管理研究中被表述为对项目利益相关各方的管理内容。在本文把它理解为企业要对利益相关者和社会影响所应承担的责任内涵，即企业社会责任管理的"对象维"（或内容维）。包括识别这些环境影响、确定责任主体和类型、明确履责的措施和承诺等；"知识维"对于企业社会责任管理来讲，理解为"管理者所掌握知识和技能在管理层次中的表征"，更强调管理层次的企业社会责任理念、管理功能和绩效定位，即企业社会责任管理的"层次维"。由此，研究进一步企业社会责任管理系统的管理要素与霍尔三维系统的结构要素结合起来，就形成了企业社会责任管理的三维结构模型。

基于摩尔三维系统模型的企业社会责任管理模式设计，将管理的层次、管理的对象（内容）以及管理的过程整合在一个框架下，同时涵盖了管理的绩效目标以及企业应对内外部环境影响的管理思想等各方面要求，也包括与 SA 8000、JSO 26000、UNGC、GRI-G4、GSR 治理等管理体系的进一步协调。正如系统管理理论的功能—结构管理思想，企业社会责任管理的三个维度（管理层次、层次对象/内容和管理职能）既分工明确又相互协调，交织在一起构成了完整的企业社会责任管理模式。

第三节　企业业务战略定位分析

一、企业业务层战略的内涵

业务层战略也称业务层战略或竞争战略，它是指一个企业为了在一个特定业务领域中发挥竞争优势并为顾客创造最大的价值和建立新的竞争优势所采取的一系列决策和行动。按照这个定义，业务层战略具有以下特点。

第一，业务层战略的主要决策与行动都与一个特定或具体业务的经营和管理有关，目的是给这个特定业务或区域的顾客持续创造最大的价值感受。在市场竞争相对不激烈的时候，对业务层战略聚焦或者专注程度的要求不高，"business"被等同于"行业"业务层战略也被看作单一行业企业的战略；而在市场竞争相对激烈的情况下，"行业"这个概念可能会过于宽泛（尤其对中小企业而言），业务层战略还是应该回归其原本日的含义，应该被看作单一业务企业的战略更为合适。爱斯达公司的成功首先在于其业务的选择或定义取舍清晰、志向高远，并致力于在服装的智能制造与个性化服务方面成为服装行业的标杆，引领中国乃至世界服装行业的发展。

第二，业务层战略是与一个特定或具体的业务有关的，目的是持续获得高于平均水平的收益，因此业务层战略必须体现出强烈的顾客导向、业务特点和竞争指向，所以其又被称为竞争战略。爱斯达公司需要瞄准的不是一般顾客对服装的需求，而是具有个性化需求的顾客对服务的需求；需要符合的不是服装行业的特点，而是服装个性化定制业务的特点；需要指向的不是一般服装企业，而是从事服装个性化定制业务的企业。

第三，为了在业务竞争中持续获得高于平均水平的收益，业务层战略要紧紧围绕如何不断发现、满足和保持顾客需求，并不断建立、强化和发挥企业竞争优势；要不断发挥企业过去和现在的竞争优势为顾客创造价值，带来利润的增加；要不断建立新的竞争优势并将今天的利润投放于建立新的竞争优势，带来市场占有率的扩大。企业如果单纯追求利润最大化会导致其未来利益受损，单纯追求市场占有率最大化则会导致企业没有未来。爱斯达公司的成功与其在企业发展中能有效处理好利润与市场占有率的关系密切相关。

第四，为了能够在一个特定的业务领域中不断建立、强化和发挥自己的竞争优势，业务层战略所包括的一系列主要决策和行动之间必须保持一致性和稳定性。业务层战略的制定、实施和控制不是一次性的，而是由一系列决策和行动构成的，有些决策和行动是速度或创新优先，有些决策和行动则是理性或科学优先。如果这些决策和行动之间不能在兑现企业战略承诺上表现出应有的一致性和稳定性，那么这些决策和行动就不能被当作某种业务层战略的有效组成部分，最终结果必然是企业原有的竞争优势逐步被挥霍和弱化。

二、企业基本定位战略

对于业务层战略的战略管理者来说，行业或业务选择的决策要么是事前已经确定好的，要么是总（母）公司给定的。业务层战略制定的主要目的不是改变行业或者进行业务选择，而是在现有的行业或业务上持续建立竞争优势并最终获得高于平均水平的收益。

随着竞争越来越激烈，越来越多的企业发现思维方式或增长战略选择的正确并不一定能为企业带来合理的盈利，而持续获得高于平均水平的收益才是业务层战略的核心；迈克尔·波特从产业经济学的角度研究了企业业务层战略与企业盈利水平的关系，认为企业持续获得高于平均水平赢利的基本战略只有两种：一种是在全行业中达到低成本的位置，另一种是在全行业中占据高差异的位置。因此，围绕这两个位置而展开的竞争就是企业业务层战略中最基本的战略，因此其被称为定位战略。

（一）低成本

低成本定位战略是一种可以分别在广泛和狭窄两个市场上使用，通过建立和发挥各种成本优势，力求占据低成本位置的战略。实施低成本定位战略的企业有可能通过发挥低成本竞争优势而获得高于平均水平的收益，即使在面临恶化的外部环境时，其低成本定位和优势也能表现出更强的应对风险的能力和可持续性。

1. 顾客诉求的选择

低成本定位战略所瞄准的顾客对产品（服务）的性能与质量的诉求相对大众化或标准化，但是对产品或服务的价格相对比较敏感。在企业所提供的产品和服务能够达到行业标准的前提下，低成本定位战略所选择的目标顾客更看重价格的竞争力。因此，低成本定位战略具有以下基本特征：第一，主要提供相对标准化的产品或服务，一般不会针对狭窄的市场开发性能和质量特别高的产品或服务；第二，产品和服务的主要性能和基本质量能够为大多数顾客所接受，一般不会刻意在产品或服务的性能或质量上超过顾客的期望；第三，产品或服务的价格相对比较低。因此，在面对性能、质量与价格取舍的时候，实施这种定位战略的企业会在保证基本性能和质量的前提下，更偏好于保证价格的竞争力。

2. 建立成本优势的主要领域

针对目标顾客的价值诉求，实施这种定位战略的企业的基本战略选择是在保证产品或服务的性能与质量达到行业标准或能够为多数顾客所接受的情况下，通过有效和有效率的管理努力降低产品或服务的成本。在市场经济条件下，由于信息的公开和企业学习能力的提升，导致企业仅凭这种基本战略选择很难占据和保持低成本定位。实施这种定位战略的更有效的战略选择是在认真和深入分析目标顾客诉求的基础上，找出顾客并不需要或并不重视的诉求，对原有的产品价值曲线进行某种程度的重构，相对减少或剔除一些不必要的产品性能或质量的同时，更大幅度地降低产品或服务的成本，从而提高产品或服务的相对价值竞争力。有效地实施低成本定位战略，首先要求企业在对目标顾客诉求的分析和理解上超越其他竞争对手，从而保证战略选择的有效性；其次要求企业能够在下列关键领域建立一种或多种资源和能力上的竞争优势。

（1）高效率、大规模、低成本的生产和物流设施、设备。

由于这种定位战略所提供的产品或服务只需要达到标准化、大众化和低价格的要求，不需要针对特定顾客诉求，提供性能或质量特别高的产品或服务，不需要对市场需求的变化或顾客的特殊要求做出快速的反应。因此，实施这种定位战略的企业首先是不需要小规模、低效率和高成本的生产和物流设施的；其次，不需要在采购、劳动力、物流、土地及能源等各种成本相对比较高的地点建立自己的生产和物流设施；最后，由于上述两个"不需要"，实施低成本定位战略的企业可以选择在各种要素成本相对比较低的地区通过大规模、高效率和低成本的生产和物流设施、设备、工艺流程和技术，生产相对标准化的产品，享受低要素或本和管理成本及高规模与范围经济效益的好处。近几年来，为了应对沿海地区劳动力成本、土地成本和物流成本上升的压力和把握信息、制造技术进步所带来的好处，中国沿海地区实施低成本定位战略的制造型企业在这个方面采取了一些值得关注的战略行动：从中国沿海地区向中部和中东部、中南部地区搬迁或部分搬迁；大幅度地加大对产品平台化和生产自动化的投入；为这些企业提供配套的企业也被迫采取相同的战略行为。随着中国沿海地区制造业企业的转型升级，中国的中部或中东部、中南部地区将在高水平上形成若干以高效率、大规模和低成本为特点的制造基地。

（2）将营销、研究和开发、服务的成本降到最低水平。

因为这些企业的目标顾客的主要诉求是价格而不是产品或服务的性能、质量，更不是特殊的产品性能或服务，所以实施这种战略的企业一般不需要从事过于复杂和高档的营销活动，不需要从事基础性、创新性和针对性的产品开发，不需要提供精准、及时、高感情的售后服务。因此，实施这种定位战略的企业会将战略思维的重点放在两方面：第一，保证产品性能、质量和服务基本合格或被多数顾客接受的前提下，如何降低各种成本，包括将产品研发的重点放在如何降低原材料、生产工艺和过程的成本而不是提高产品性能和质量上，以及放在应用性的整合和模仿上，而不是基础性研发上；在努力提高销售规模的同时，尽量选择单位产品的广告、渠道、人员、物流成本最低的营销方式；在不引起顾客不满的前提下，将送货、安装、保修等服务的成本降到最低水平。第二，通过取消和降低顾客认为不必要或不重要的营销、研发和服务活动，如何使产品或服务的成本下降超过顾客价值感受的下降程度，提升产品或服务的绝对成本竞争力。

（3）严格控制采购成本。

由于低成本定位战略瞄准的是大众化市场、采取的是标准化产品、实施的是大规模制造、追求的是低成本优势，因此实施这种战略的企业在原材料和零配件采购上更关注产品的成本，而不是性能和质量；在评价和选择供应商的时候更为关注的是低成本制造、大规模生产能力和及时供货的能力。为了严格控制采购成本和上下游企业之间的交易成本，实施这种战略的企业一般会采取全资或战略联盟的方式实施纵向整合战略，提高自己在采购成本上的讨价还价的权力。例如，凭借自己的采购规模优势，与供应商签订大量和长期的采购合同，甚至要求供应商在自己附近建立工厂；通过全资或参股的方式直接收购或建立自己的配套工厂。

（4）严格控制生产运营和行政开支。

基于构建上述竞争优势的要求，实施低成本位战略的企业一般实施相对简单化和集权化的管理模式：一般采取的是职能结构，但是行政管理层次一般只有一层，最多是两个层次，目的是尽可能降低行政开支；一般没有设置高水平的市场研究、营销策划、基础研究和人力资源部门；不重视面向市场的信息系统建设、面向未来的战略计划和提升员工创新性的培训；一般不需要通过分权和主管激励的方式激发员工的创造性，主要实施以降低人员管理成本为主的计件工资制，以挽留熟练工人为特点的福利制度；企业文化主要倡导成本导向而不是创新导向。

3．价值创造活动组合的特点

为了有效实施低成本定位战略，企业不仅需要在上述一个或多个领中建立和发挥与降低成本有关的资源与能力优势，甚至核心专长，而且要围绕低成本定位战略的实施构建和磨合整个价值创造活动组合或系统。

4．低成本定位优势的可持续性

企业在部分或全部领域中所建立的成本优势不仅能够支持企业占据低成本定位的定位，而且具有相对高的抗风险能力。即使外部经营环境变化导致构成行业竞争结构的五种力量都向恶化的方向转变，占据低成本定位的企业仍然可能保持自己的竞争优势，持续获得高于行业平均水平的收益率。

（1）通过不断努力获得低成本优势的企业本身就是最重要的行业进入障碍。一般情况下，如果新的进入者在经营规模、生产效率和学习成本等方面没有获得超越现有企业的成本优势，它们是不敢贸然做出进入该行业的决策的。

（2）在与顾客讨价还价权力上升的情况下，顾客会压低整个行业产或服务的价格。在这个时候，具有低成本优势的企业正好发挥自己的优而保持或提升自己讨价还价的权利，并且总是能够"笑到最后"。因为随着整个行业企业数量的减少，低成本定位的占据者将会存活下来，并且最终逆转与顾客讨价还价的权力。

（3）在与供应商讨价还价权力上升的情况下，低成本定位企业的采购规模大，具有比其他竞争对手更大的消化能力和讨价还价的权力。如果连低成本定位的企业都无法消化成本上升的压力，那么其他企业早就已经迫于成本压力而退出。最终的结果可能使制造企业与供应商的关系发生扭转。

（4）在行业内部竞争激烈的情况下，大多数同行竞争对手都不愿意与低成本定位的企业进行正面竞争。即使发生正面的价格战，得益的一般也是具有低成本定位的企业，因为其较低的成本意味着，当其他的竞争对手由于对抗把自己的利润消耗殆尽以后，它仍能获得适当的收益。

（5）当替代产品在性能上增加威胁的时候，低成本定位的企业可以在低成本上保持与替代产品的价值竞争力。

5. 低成本定位的风险

虽然有效实施低成本战略的企业具有非常明显的可持续竞争优势，但是在获取和保持自己定位的过程中它们也面临一些潜在的风险。

（1）采用低成本定位战略的企业通常会忽视顾客需求。首先，低成本定位的企业容易形成成本导向而不是顾客导向。在制定战略的时候，它们通常更关注如何提高效率，即在产品或服务的性能和质量与其他对手相同的情况下，重点降低产品或服务的成本其次，低成本定位的企业缺乏市场调研的能力，因为它们的信息管理系统主要侧重于内部，重点关注成本控制，而营销能力相对比较弱。如果低成本定位企业不能根据目标顾客诉求选择降低成本的领域，或不关注目标顾客的诉求变化，那么其低成本定位战略就会失去有效性，导致被顾客抛弃的情况。

（2）技术进步有可能导致低成本定位企业的设施和设备过时，而采用新技术的或其他地区的竞争对手将获得更大的成本优势。例如，交通运输的发展正在导致市场边界越来越模糊，其他地区的企业完全有可能取得更大的成本优势。近年来，中国高速铁路的发展，使航空公司过去的优势航线受到了极大的威胁，公路运输同样受到了冲击。随着武广高铁的投入运营，经营武汉—广州航线的各大航空公司只能通过降低票价和提高服务标准来维持该航线上的竞争优势。随着广州—汕头高铁的投入运行，广州到汕头的大巴几乎停运。同样，技术进步有可能导致低成本定位企业的设备或设施过时，使后进入的企业具有更大的成本竞争优势。

（3）采用低成本定位战略企业的最大威胁来自模仿、学习和改变竞争的规则。相对于高差异定位战略来说，低成本定位战略更容易被学习和模仿，而且有些模仿甚至可能是不讲规则或不合法的模仿。我国煤气热水器和炉具行业就存在这种问题。相对于原来的万家乐燃气热水器公司来说，万和集团采取了低成本定位战略。但是，现在威胁万和集团的对手正是新的采用学习和模仿的低成本竞争者。一个企业虽然在低成本定位方面建立了难以学习和模仿的竞争优势，但是其仍然有可能受到游戏规则改变的威胁。

为了防御低成本定位战略的潜在风险，实施这一定位战略的企业必须注意以下两点。

第一，保持顾客导向。虽然实施低成本定位战略要求企业树立强烈的成本导向，但是企业战略管理者不能因此而忽视顾客的消费能力、消费偏好及消费行为方面的变化，因为成本导向是要求企业必须以满足顾客需求、增加顾客价值感受为企业经营出发点的，不能满足顾客需求的低成本定位战略将是盲目的。

第二，保持创新能力。在中国企业的现实经营环境中，被学习和模仿，甚至被假冒产品威胁都是企业不可回避的一种"正常生活"，只有创新才是有效应对学习、模仿，甚至假冒的主要方法。另外，真正威胁低成本定位企业的不是学习和模仿自己的企业，而是那些利用创新来改变规则的本行业的企业和替代行业的企业。近年来，互联网和互联网技术的应用已经变成再造企业和行业价值链上越来越强大并且普遍运用的工具。例如，通过互联网，制造商能够与零部件供应商在新产品设计上紧密合作，减少设计转化为生产的时间。有关供应商零部件的警告申明和产品问题也能够立刻被相关供应商获知，并采取行动迅速做出修改。另外，不同的电子采购软件包通过减少数据的手工处理和用电子数据交换取代传统纸文件（如索取报价单、购买订单、订单接受、装船通知），让购买程序更具效率。

（二）高差异

高差异定位战略是一种分别在广泛和狭窄市场上使用，通过建立和发挥差异优势，力求占据高差异位置的战略。实施高差异定位战略不仅有可能获得高于行业平均水平的收益，即使在面临恶化的外部环境时，其竞争定位和优势也表现出具有更大的应对风险的能力和可保持性。

1. 顾客诉求的选择

高差异定位战略所瞄准的顾客在对产品和服务的性能与质量上的诉求是相对特殊化或差异化的，但是其对产品或服务的价格相对不敏感。在企业所提供的产品或服务的价格合理的前提下，高差异定位战略所选择的目标顾客更看重产品或服务在性能、质量上的差异竞争力。因此，高差异定位战略具有下列特征：特殊的产品性能；超常的质量；高标准的服务；消费者有地位特殊的感受；快速创新；相对比较高的价格。这种定位战略的基本战略思维就是通过向愿意支付高价格的顾客提供他们认为满足上述价值诉求的产品和服务获得高于行业平均水平的收益。

2. 建立差异优势的主要领域

针对目标顾客的价值诉求，实施这种定位战略企业的基本战略选择是在保证产品或服务具有高性能和高质量的前提下，通过有效和有效率的管理努力提高产品和服务的差异化或特殊化。在市场经济条件下，信息的公开和企业学习能力的提升，导致企业仅凭这种基本战略选择是很难占据和保持高差异定位的。实施这种定位战略的更有效的战略选择，是在认真和深入分析目标顾客诉求的基础上，找出顾客最需要或最重视的价值诉求，对原有的产品价值曲线进行某种程度的重构，在相对增加和创造一些顾客最忠实的产品性能或质量的同时，更大幅度地提升产品或服务的价格，提高产品或服务的相对价值竞争力。有效地实施高差异定位战略，首先要求企业在对目标顾客诉求的分析和理解上超越其他竞争对手，从而保证战略选择的有效性；其次要求企业能够在下列关键领域建立一种或多种支撑高差异定位的资源和能力优势。

第一，市场和消费者研究。高差异定位战略所瞄准的目标顾客诉求具有差异化或特殊化的特点，能否抓住这种顾客在产品性能、消费方式或消费心理上的一个或几个其他竞争者没有发现的特殊诉求，将决定企业能否在顾客最关注或重视的领域建立关键的差异优势。实施这种战略的企业必须能够不断跟踪、发现甚至引领目标顾客的需求变化，才有可能有效地建立超越竞争对手的差异优势。

第二，创造新的营销概念。为了满足目标顾客差异化或特殊化的价值诉求，实施高差异定位战略的企业不仅需要在营销的所有功能领域建立资源和能力优势，而且需要在创造新的营销概念和引导消费方面上具有特殊优势。例如，在汽车行业实施高差异定位战略的企业，首先必须在产品、品牌、渠道、促销、服务等各个方面具有很好的能力，然后在此基础上围绕自己在上述一个或几个特殊方面所创造出的差异或特点以形成独特和整体的营销概念或市场形象，这样才能满足顾客差异化或特殊化的价值诉求，树立和保持顾客美誉度和忠诚度。

第三，全面质量管理。实施高差异定位战略的企业必须非常清楚地知道，其目标顾客对所购买和使用的产品或服务的整个过程具有充分理性和非常挑剔的要求，因此企业需要在包括原材料的采购、生产、营销、配送和售后服务的全过程中实施全面质量管理，以提供超过顾客期望的质量。实施高差异定位的企业一般都具有强烈的质量文化。

第四，产品或者服务的研究开发。实施高差异定位战略的企业必须非常清楚地知道，其目标顾客对产品或服务具有特殊的需求。虽然他们并不一定知道什么样的技术和方式才能最大限度地满足他们的需求，但是他们有能力和意愿去尝试最新的产品技术和服务方式。因此，企业应该高度重视基础性的研究与开发，以产品或服务的动态创新方式去满足目标顾客诉求和保持目标顾客的满意度与忠诚度。

第五，充分发挥人才作用的管理体制。基于构建和保持上述竞争优势的需要，实施高差异定位战略的企业一般采取更为复杂和分权化的管理模式：一般采取的是职能结构，但是行政管理层次相对比较多，主要目的是支撑企业为顾客提供更加差异化或特殊化的产品与服务；一般需要设立高水平的市场研究、营销策划、基础研究和人力资源部门，重视面向市场的信息系统建设、面向未来的战略计划和提升员工创新性的培训；一般需要通过分权和主观激励的方式激发员工的创造性，主要实施以保证产品或服务的计时工资制与以鼓励员工参与和创新为特点的福利制度；企业文化主要倡导质量导向而不是成本导向。

与实施低成本定位战略的企业不同，实施高差异定位战略的企业不可能在所提供的产品或服务上创造和保持全面的差异。实施高差异定位战略的企业首先必须高水平地满足目标顾客对产品或服务的基本需求，然后才能上升到满足目标顾客的差异化需要；其次，在高度竞争的条件下企业只有高度地集中资源和精力才有可能在某一个或几个领域创造和保持差异优势。因此，在有效实施高差异定位战略方面，中国企业不仅需要提高整体管理水平，同时需要在构建和保持差异优势方面表现得更加集中和执着。

3．高差异竞争优势的可持续性

企业在价值创造体现的一个或多个领域中所建立的差异优势不仅能够支持企业占据高差异的定位，而且具有相对高的可保持性。即使外部经营环境变化导致构成行业竞争结构的五种力量都向恶化的方向转变，保持差异优势和高差异定位的企业可以持续地获得高于行业平均水平的收益率。

（1）通过不断努力获得高差异优势的企业本身就构成了最重要的行业进入障碍。因为如果新的进入者没有可能克服技术、营销，特别是与品牌有关的无形障碍而获得更大的差异优势，那么它们是不会冒险做出行业进入决策的。

（2）高差异定位战略的目标顾客对价格不敏感。即使在顾客讨价还价权力上升的情况下，高差异定位战略的目标顾客所关注的仍然是差异而不是成本；高差异定位的占有者承担价格下行压力的能力更强，更有可能成为"笑到最后"的企业。

（3）在与供应商讨价还价权力上升的情况下，高差异定位的企业一般有比较高的利润，也具有比其他竞争对手更大的消化能力和讨价还价的权力。当高差异定位的企业难以消化成本压力的时候，它们可以将部分成本压力转移给消费者，因为这些消费者对产品的性能和质量更为敏感而对价格不敏感。

（4）在行业内部竞争激烈的情况下，大多数同行竞争对手都可能无法与高差异定位的企业进行正面竞争，因为高差异定位战略的目标顾客具有很高的品牌认知度和忠诚度。

（5）当替代产品在价格上增加威胁的时候，高差异定位的企业可以通过提升产品或服务的性能和质量，保持与替代产品的价值竞争力。

4. 高差异定位战略的风险

一般来说，采用高差异定位战略企业的风险主要来自：第一，顾客认为采用高差异定位战略企业的产品／服务定价太高；第二，顾客认为企业所创造的"差异"不重要或者不再是重要的；第三，采用高差异定位战略的企业可能被竞争对手模仿和学习，竞争对手有可能以更低的价格为顾客提供同样的产品或服务；第四，采用高差异定位战略的企业可能在销售规模扩大方面存在困难。少数中国企业的最初成功是得益于其在品牌、渠道和售后服务方面所建立的差异优势，但是这种差异优势就是在其追求"做大"和成为"世界五百强"企业的过程中被逐步弱化了。

（三）聚焦

相对于在广大市场上实施高差异或低成本战略的大企业来说，多数中小企业认为自己资源能力有限，决定在更细分或"狭窄"的市场上实施"聚焦"战略。从这个意义上来说，聚焦战略与市场细分的营销策略具有许多相似之处。企业战略制定者可以按照市场细分的方法，依据消费者的年龄、性别、收入、个性偏好、消费方式、所在区域环境或文化差异等特征作为选择实施聚焦战略的依据。与在广泛市场上实施低成本或高差异定位战略的企业不同，实施聚焦战略的企业可以针对一个狭窄市场实施一种聚焦战略，如低成本聚焦或高差异聚焦，也可以针对两个或多个市场分别实施上述两种不同的聚焦战略。

在市场竞争越来越激烈的情况下，聚焦战略成为越来越多的企业尤其是中小企业的生存和发展之道，这种定位战略的有效性在具有市场分割性特征的中国市场上表现得比较突出：第一，对于那些资源、能力有限的企业来说，实施特定区域市场聚焦战略不仅可以使它们集中有限的资源，在区域市场上创造竞争优势，而且可以有效地利用国内市场分割性的环境特点，如广东风行、燕塘牛奶公司和珠江啤酒集团就是采用高差异聚焦战略，以有限的资源在广东市场上创造了很强的差异优势。第二，对于资源和能力相对比较强的企业来说，分别采用低成本聚焦和高差异聚焦战略有利于有效地利用国内不同区域市场的差异性，尤其是在居民收入、消费方式及营销制度上的差异。这可以在相当程度上说明为什么中国国内企业偏好实施多品牌或多市场定位战略。

实施聚焦战略的企业有可能凭借自己所建立的企业竞争优势获得高于平均水平的收益，但是其市场定位和竞争优势的可保持性也会面临一些风险：相同或更小的竞争对手可能在更加狭窄的市场范围内实施聚焦战略；原来在广泛市场上竞争的企业可能会参与狭窄市场上的竞争，使实施聚焦战略的企业面临多点竞争的劣势；受经济全球化和需求趋同化的影响，实施聚焦战略的企业可能会面临市场萎缩和变化的威胁，这可能是全球化条件下所有中小企业所面临的最大挑战。

三、企业基本定位战略的新实践

选择了特定的定位战略代表着企业对特定的目标市场、价值创造活动组合、竞争优势和管理模式做出了一种取舍和承诺，有效实施特定的定位战略需要企业在战略行为上表现出一种"刻意的专注和必要的偏执"，长期实施特定的定位战略会使企业在战略上形成一种行为模式或价值方式。因此，当一个企业在围绕某种定位战略建立"核心专长"的同时，也为自己实施另一种定位战略埋下了"核心障碍"。正是从这个意义上讲，迈克尔·波特认为高差异与低成本定位战略是"相克"的，同时实施两种定位战略的企业有可能陷入"夹在中间"的危险境地。在企业发展的特定历史阶段上，波特的通用定位战略，包括上述"夹在中间"的判断不仅为企业制定业务层战略奠定了理论基础，而且也为企业战略管理者有效实施定位战略提供了有效的指引。

（一）独特性定位战略

消费者的诉求在本质上都包括低成本和高差异两个部分，其中有些消费者更关注低成本，有些消费者更关注高差异，还有一些消费者的诉求分布于上述两个极端诉求之间。在提出通用定位战略的时候，迈克尔·波特并不是刻意漠视介于两种定位之间的消费者诉求，而是认为基于这种诉求定位的企业很难建立和保持可保持的竞争优势。事实上，迈克尔·波特在提出高差异定位和高差异聚焦定位的时候非常强调满足顾客独特的价值诉求，以至于他更愿意将高差异定位战略称为"独特性定位"或"别具一格战略"。虽然《蓝海战略》的作者钱金教授一直强调自己超越了迈克尔·波特的通用定位战略，但是从本质上说，蓝海战略是源于迈克尔。波特的定位战略的，尤其是关于独特性定位的思想。

在经济全球化和技术进步的推动下，企业跨区域获取、整合、运营和管理各种资源的能力越来越强，以至于这些企业认为它们完全有可能高度集中于一种独特的目标市场或顾客诉求，提供独特的产品，建立独特的价值组合体系和运用独特的管理模式。这种企业高度专注于目标顾客独特的诉求，以至于它们没有按照高差异或低成本对这些顾客进行分类；没有过多地考虑自己所具备或需要构建的是高差异还是低成本优势；更没有纠结于到底应该如何在高差异或低成本定位战略之间做出非此即彼的取舍。但是，这些企业的确分别从高差异和低成本两个方面获得了超额利润。考虑到以发现、满足和保持独特目标市场或顾客诉求为核心的竞争战略很好地回应了不同情况下的定位战略存在的问题，我们可以在操作上暂时将这种竞争战略称为"独特性战略"。与有效制定和实施高差异或低成本定位战略一样，制定和实施独特性定位战略需要关注以下的关键步骤或环节。

1. 选择独特的顾客诉求

发现和选择独特的顾客诉求，并且将该组具有独特诉求的顾客作为企业的目标顾客是企业实施独特性定位战略的第一步，也是最重要的一步。为此，企业战略管理者需要重温市场营销的基础理论——市场细分和目标市场选择。

所谓独特性的顾客诉求就是难以被归类为高差异或低成本分类的顾客诉求，或者说是现有产品或服务不满的顾客诉求。例如，有些公司的目标顾客很难被归类为高差异或低成本类型的顾客，这种企业的顾客一方面希望通过定制产品或者服务满足自身的需求，而又不愿意向传统个性化定制企业支付过高的价格。如果企业能够发现顾客独特的诉求或不满的顾客，那么按照选择最基本的目标市场最基本理论，企业高层战略管理者只需要认真回答这样几个问题：第一，具有某种独特性需要的顾客数量是否足够大，或者说对某种现有产品或服务不满的顾客相对于自己的企业来说，是否足够多？第二，这一组具有独特需要或诉求的顾客是否是稳定的、可测定的？第三，这个潜在的目标市场是否是可以接触和把握的？如果对上述三个问题的回答是肯定的，那么企业就可以根据对内部环境的分析，尤其是对资源优势、能力优势和核心专长的判断，决定是否可以将其中某个具有独特性诉求的群体作为自己的目标市场。

2. 设计独特的产品或服务

有效实施独特性战略的另一个关键就是企业能够在产品或服务的设计上打破低成本和高差异之间的对立和取舍，从低成本和高差异两个方面重构产品或服务的价值曲线，既能够满足顾客的独特诉求，又能够保证实现企业的盈利目标。为此，我们需要重温市场营销在产品设计方面的基本理论。如果企业所选择的目标市场具有独特性，那么其产品诉求就会表明这些顾客既不是极端的低成本定位战略的目标顾客（在全部设计变量的选择上都偏向极左端），也不是极端的高差异定位战略的目标顾客（在全部设计变量的选择上都偏向极右端），而是介于两个目标顾客群体的中间，并且其具体的分布也是不一致的。为了满足独特性目标市场的顾客诉求，实施这种战略的企业就必须在原来的低成本定位或高差异定位战略所选择的产品价值曲线之外，重新设计一个新的产品价值曲线。当然，这样一种独特的产品或服务的设计有可能不是一次性完成的，而需要在企业长期的实践中经过多次反复而逐步完善。

3. 建立独特的价值活动体系

有效地实施独特性定位战略不仅需要独特的产品或服务的设计，更需要有效开发和运行与定位匹配的价值活动体系，并且在价值链的关键环节上建立竞争优势。按照蓝海战略的思想，如果企业需要向顾客提供具有独特性的产品或服务，即对原有产品性能与质量进行包括增加、减少、创造和删除，那么同样需要对整个价值链进行重新调整和建立相应的竞争优势。

4. 保持战略取舍和持续创新

独特性定位战略的价值创造能力来源于发现、满足和保持独特的目标市场，以满足顾客诉求代替低成本和高差异之间的简单取舍；更来源于针对独特的目标市场，独特的产品与服务设计、独特的目标价值创造体系和管理模式之间的磨合和匹配。因此，企业必须保持对顾客诉求的取舍才有利于形成最佳的匹配关系，并且构建和保持核心专长。战略的本质不在于选择"取"什么，而在于选择"舍"什么。企业必须做出取舍主要来源于三个方面的压力：一是企业形象与声誉的不一致性；二是目标市场、产品组合和价值创造活动体系之间的不一致性；三是企业价值创造活动体系和管理模式之间的不一致性。

波特之所以把竞争战略称为定位战略，其主要目的在于督促企业在市场定位选择上保持清晰的取舍，只有这样，企业才能将所有的资源和精力都放在持续创新上。持续创新的必要性则来源于：产品和服务的设计需要动态地改进和完善；价值创造活动组合的整合需要长期的磨合；资源整合方式和管理模式需要反复的调整；目标市场、产品和服务的设计、价值创造活动体系和管理模式之间的匹配也需要企业持续的改进。

在保持取舍和持续创新的过程中，企业战略管理者需要一定的偏执和坚持，即企业战略管理者在遇到下列几种情况时，要特别注意保持自己定位的独特性和创新的持续性：遇到新的市场机会；向先进企业学习；接受上市辅导；接受咨询公司建议等。相当一部分企业就是在遇到上述几种情况的时候，盲目追求高收益机会或向行业标杆企业看齐，逐渐放弃了自己原有的战略取舍和持续创新。

（二）整合性定位战略

从理论上说，能够整合高差异与低成本两种定位的战略应该是收益最高的竞争战略。美国管理学者赫尔曾经在总结多项研究成果的基础上提出了一个反映竞争战略与市场定位关系的模型，他认为采用整合性定位战略有可能获得高于行业平均水平收益率的根本原因是这种战略可以向顾客提供两种价值——某些方面的差异和某种程度的低价格，而使用这种战略的企业也相应地获得两个方面的收益，而同时实施两种定位战略的企业因此可以占据一个好比"伊甸园"的位置。使用整合性定位战略的赢利潜力是巨大的，但是所面临的难度和风险也是巨大的，所以这种定位才被称为"伊甸园"。与独特性定位战略相比较，整合性定位战略在以下几个方面存在不同：第一，整合性定位战略所瞄准的目标顾客诉求不是一个独特的目标市场，而是两个对立的目标市场；第二，整合性定位战略所提供的产品或服务不是专门针对一个独特的顾客诉求，而是要分别满足两种对立类型的顾客诉求；第三，整合性定位战略不是只有一个价值创造活动体系，而是要同时构建或运行两个不同的价值创造活动体系；第四，整合性定位战略不是只有一个管理模式，而是需要同时构建和运行两种不同的管理模式，包括结构、机制和文化等。实施整合性定位战略的最大难度就在于既要充分认识两种定位战略的"相克"，又要通过整合使之"相生"。实施整合性定位战略的最大风险就在于稍有不慎就会"夹在中间"或"两头不着边"，输给任何一个偏执实施一种定位战略的企业。

随着通信、交迪技术和多维度整合管理方法的进步，少数管理水平比较高的企业在实施整合性定位战略方面取得了令人瞩目的成功，包括丰田汽车公司、假日酒店集团以及中国的新宝电器股份有限公司等。这些企业成功实施整合性定位战略的主要经验包括：第一，应该高度重视高差异与低成本定位战略之间存在"相克"的关系，充分理解两种定位战略在目标顾客诉求、产品或服务的设计、竞争优势的构建、价值活动组合及管理模式上都存在差异性和对抗性。在此基础上，实施整合性定位战略的企业一般会将分别实施两种不同定位战略的经营单位在组织结构上分立，设立两个不同的事业部；企业一般会根据两种定位战略的差异性在经营上适度放权，包括在产品研发、品质管理、人力资源、物流采购上实施部分放权；企业一般会允许不同事业部采取差异化的管理机制和企业文化。第二，应该高度重视高差异与低成本定位战略之间存在着"相生"的关系，充分理解两种定位战略在经营上存在着程度不同的范围经济、规模经济优势；在与竞争对手的互动上存在多点竞争的优势；在发展上存在相互促进和带动的优势。在此基础上，实施整合性定位战略的企业一般将实施两种定位战略的企业放在一个总部管理之下，通过在战略决策、财务管理、人力资源和企业文化的相对集权，实现两个事业部在战略和经营上的存在必要的共享与协同；一般会根据两种定位战略的整合程度将一部分管理权限相对集中于总部，包括营销、基础研发、共用原材料的采购权，以体现两种定位战略的整合等，发挥整合性定位战略中的上述组合优势。有效地实施整合性定位战略可能需要企业借鉴多元化企业或国际化企业的组合管理技术，并且需要企业进行正、反两个方面多次的反复和磨合。

第四节 企业战略管理信息化发展研究

一、企业战略信息化内涵

企业战略信息化是企业应用信息化的过程，指在企业的生产、经营、管理等各个层次、各个环节和各个方面，应用先进的计算机、通信、互联网和软件等战略信息化技术和产品，并充分整合、广泛利用企业内外信息资源，提高企业生产、经营和管理水平，增强企业竞争力的过程。

信息化战略企业规模有相当大的关联，在企业规模不足以达到一定程度的时候，它是无须启动这项工作，这并不是因为信息化战略对这种规模下的企业作用不大，它还需要在竞争中去慢慢地建立自身的发展道路，在此时战略信息化的核心作用不是为企业的战略服务，而是为企业的业务服务，因此它还没有在企业战略方面构造好一切基础的内容，在这种情况下根本不宜从事这项战略的制定过程。

由于战略信息化对企业外部环境以及内部管理模式都将产生重大影响，当这些因素真正与企业经营环境发生作用时，原有战略管理可能已经无法适应新的形势，结果必然引起企业经营战略的演变。企业管理战略的基本特征是：全局性、未来性、系统性、竞争性和相对稳定性。战略一经形成，在一段时期内有一定的稳定性，有时又会表现为战略的滞后性。但是，信息技术的发展日新月异，发展方向也具有一定的不确定性，保持企业战略的未来性和相对稳定性的和谐统一有时会有一定的困难。

二、企业战略管理信息化在我国的应用

（一）我国企业战略管理信息化现状

到目前为止我国网站数量呈现逐渐上升的趋势，尽管现在电子商务还没有形成主流，但互联网对于企业的作用已经得到越来越多的证明，随着企业战略管理信息化程度的进一步提高，企业的外部环境和内部经营条件都将发生重大变化，企业战略管理信息化也将随之发生演变。虽然随着社会的发展，在我国越来越多的中小企业逐步开展企业战略管理信息化。

（二）我国企业战略管理信息化发展趋势

企业战略管理信息化建设划分为四个阶段：个别流程战略信息化、内

部集成战略信息化、业务重组和成熟阶段。成熟阶段是指企业真正地把计算机同整个战略信息化过程结合起来，将组织内部、外部的资源充分地整合、利用，如应用了 SCM 供应链管理）、CRM 客户关系管理）、BI 商业智能）、PLM 产品生命周期）、Porta（企业门户）等扩大企业资源的外延，并以更加丰富翔实的战略信息辅助高层决策，从而提升企业的生存能力、竞争实力和发展潜力。调查显示，只有 3.7%的大型企业战略信息化建设进入了成熟阶段，17.1%的大型企业处于业务重组阶段，36.1%的大型企业进入了内部集成战略信息化阶段，43.1%的大型企业处于个别流程战略管理信息化建设阶段说明中国大型企业战略管理信息化建设离整体成熟还有较大的距离。中国大型企业战略信息安全系统建设正在发生三个变化：从"被动防御"转入"主动防御"从产品孤立"向"集中管理"过渡、从"单一防御"到"整体防御"深入。发生变化的主要原因是随着业务系统的建设，企业战略管理信息系统已经和企业生存发展息息相关，所以系统安全性显得更为重要。

（三）战略信息化在企业中的应用

我们研究战略信息化，说战略信息化，无非就是因为它在我们企业当中有一定的作用，否则，我们也没有必要花费时间来做无用功，那么战略信息化在企业中有什么实际的应用？企业开展战略信息化的营工究竟是什么呢？国内著名信息化咨询机构 CCID 赛迪顾问）最近的一份调查显示：有70.4%的企业认为进行战略信息化建设有助于宣传产品，67.7%的企业认为战略信息化可以提高企业知名度，有 33.6%的企业认为能够降低生产、销售、运营成本。随市场经济体制的形成，市场竞争不断加剧，当前企业的规模、经济实力、技术能力已经不再是判断企业在市场竞争中取胜的主要条件，战略信息化的应用能力更成为企业在市场竞争中的一个取胜的武器。海尔、海信、创维等大型企业在信息化发展初期已开始发展战略信息化，并在企业战略信息化开展当中获得本身经营利润、内部经营管理、产业技术优化等综合能力的提高，同时这些大型企业已经把循序渐进的开展战略信息化提高到企业固定日程上来。在当前，尤其是中小企业，其企业规模、资金能力、技术水平与大型企业相比不占任何优势的情况下，更应该借助战略信息化这一工具去在市场中"驰骋"；使企业的综合水平提高到一个新层次。

企业开展战略信息化是实现企业快速发展的前提条件，并且企业开展战略信息化可以实现企业自身的快速发展。我们看到无论是大型企业，还是中小型企业，虽然本身所处的行业生态环境不尽相同，并造成发展阶段目标的差异，但每个企业终究有存在的社会价值和自我价值。企业存在的目标就是追求利润最大化，它们都渴望自身快速发展。企业在开展战略信息化中，利用它得到行业信息、竞争对手信息、产品信息、技术信息、销售信息等，同时及时对这些信息进行分析，做出积极的市场反应，达到企业迅速发展的效果。

三、企业战略管理信息化发展策略

（一）认识信息资源整合的重要性

"信息"是什么？当今社会是一个信息交汇的时代，信息无处不在，从人类的所有社会活动来看，信息就是人的活动依据，在人们的生活与工作中都扮演着极其重要的角色，小到个人、企业，大到社会、国家。信息就是引导者，是可持续发展的基础，也是领导者进行战略部署和成功规划的基础，如果没有正确的信息作为保障，所谓决策就是一个空想，非常容易出现错误，在社会竞争的大环境中，谁掌握了信息资源，谁就掌握了主动权，就像企业界流传着一句名言："实行企业信息化是找死，但是不实行企业信息化就是等死"；这句话虽然存在着一定的夸张性，但是也充分体现了信息时代下企业的无奈，可以想象，我国未来的企业将会是一个信息化、数字化的企业，但是企业的信息化同样也是一个漫长的过程，整个企业的变革也不是一日两日就能够完成的。

企业的信息化过程需要大量的人才，物力和经济投入，以此解决企业日常运营中的竞争和发展问题，因此，企业之间的竞争就是人才的竞争，信心资源的竞争，企业必须认识到信息资源整合的重要性，以信息资源集成为企业运营的重要环节，将资源的价值最大化地发挥出来，企业进行资源整合的方式有以下两种。

首先，依托企业的自身优势来进行信息资源集成，"人无我有，人有我优，人优我创"本是政治经济学中的一句名言，用到企业经营当中就是提醒企业要想成功，首先就要做到与众不同，也就是企业的差异化优势，企业可以根据计算机系统整合企业的文化信息，人力信息，财力信息，根据自身情况的不同，打造属于自己的企业文化，提升品牌影响力，增加企业在市场竞争中的优势。

其次，每一个企业都有自己主打的特色品牌，就拿手机市场来说，每一款手机都有自己的品牌独特性，例如：OPPO 主打拍照；VIVO 主打音乐；

小米为发烧而生等等，这些就是企业最独特的核心能力，企业可以根据自己的核心能力进行信息集成，并且进行分析改进，加强品牌战略。

企业战略信息化的实施主体是人，是企业的每一个员工，俗话说得好，团结就是力量，没有凝聚力的企业就是一盘散沙，因此，企业内部应该进行全面宣传信息化建设的意义和优势，让员工积极投入到企业战略管理信息化的建设当中，为信息化建设出谋划策，加快企业信息化前进的脚步。

（二）注重信息化建设的整体性和目标性

在信息化建设的过程当中，需要从信息化的整体性和目标性进行考虑。信息时代的到来，既是企业的机遇，同时也是一定的挑战，企业在进行信息化建设的过程中难免会出现跟风现象，企业自身对于信息化建设没有一个全面的认识和理解，简单地认为信息化建设就是将企业的现有的办公方式转化为计算机办公，但事实上，企业的信息化建设不是单纯的设备更换，更是企业的办公系统信息化处理，是为了更好的节约企业成本，提高经济效益。企业更换设备，使用计算机代替手工操作，看似简便了工作，但是却没有形成整体性的管理机制，使企业不能达到最终的全局优化，提高部分岗位办事效率固然重要，但是只有从全局出发，才能让整个企业处于进步状态。因此，企业在信息化建设的过程当中需要有一个目标发展战略，没有发展目标的企业就是猴子摘玉米，不知道自己想要的是什么，会对企业的成长和发展起到一定的阻碍作用。企业在引进管理战略信息化模式之初，就应该先从企业的整体情况出发，考虑到企业的方方面面，以及信息化建设带给企业的影响，综合分析之下制定出适合企业发展和长远目标。

人无远虑，必有近忧，目标对于企业的成长起着不可替代的作用，企业要了解自身情况，明确自身将来要发展成为一个什么样的企业，是服务型，还是生产型，以此作为打通市场的基础，其次，还要考虑企业如何占领市场，分几年完成，每一年的阶段性任务是什么。拥有这样的企业管理战略，企业的信息化建设才能取得成果。

（三）企业信息战略立足于 IT 治理

虽然企业实行战略管理信息化能为企业带来意想不到的经济效益和社会效益，但是由于技术、人才、资金等各方面的问题，部分企业进行信息化建设的效果不是很理想，投入和收获不成正比，使很多企业失去信息化建设的动力和信心。为此，企业要想在信息化建设的过程中取得利益最大化，在考量企业战略信息化的基础上，还要重视企业的 IT 管理程度，发挥信息化建设的最大优势。在 IT 治理方面，企业首先要对信息战略的决策权进行合理的分配，尤其是较为大型的企业，IT 活动通常需要多个部门之间进行合作才能完成，为防止员工之间发生"踢皮球"现象，企业应该建立规章制度，组成 IT 管理委员会，对员工的工作进行督促和管理，实行责任分配到人，奖罚分明制度，提高员工的工作积极性和个人工作效率。

（四）结合实际情况选择信息系统

任何活动都要因地制宜，因人而异，同样的，企业的信息系统建设也应该遵循企业的发展规律和实际情况，选择适合企业自身发展的信息化建设模式。很多企业在进行信息化模式选择时，往往会盲目效仿成功企业的信息化建设项目，没有考虑到自身的实际情况，这样进行模式的复制，不仅效果不明显，还可能会为企业的发展带来一定的风险。信息化模式有其自身的复杂性和灵活性，企业在进行应用时，不仅仅要从企业的整体战略角度进行考虑，更要根据企业的自身情况进行分析，企业的人力资源、资金情况、发展模式都是影响企业信息化模式选择的因素，只有选择正确的信息化开发模式，才能为企业真正的带来效益，帮助企业成功转型，提高信息化建设的质量，加大优势，减少风险。

在信息化建设过程当中，企业需要综合性的分析信息化系统模式，结合此项信息化模式的耗资情况、建设周期等，同样也不能单独的套用传统的瀑布型或螺旋形模式，而是经过整改和优化，将模式建设成一种混合型的新型模式，既保持原有模式的优势，又与企业自身的实际情况相符合，优化企业结构，将有限的企业资源进行最大化的配置。

信息技术的发展，给传统企业管理带来一定的冲击，迫使企业在信息时代下不断深化改革，将信息技术融入企业战略管理当中，促进企业的快速发展。受到市场经济体制的影响，企业的竞争趋势也愈演愈烈，市场就是一块大的蛋糕，资源有限，企业必须提高自身实力，才能分到蛋糕，否则就会被市场所淘汰，为此，企业必须通过信息化的建设来提高自身实力，在激烈的市场竞争当中获得一定的地位。

第三章　企业人力资源管理及信息化发展

第一节　现代化的企业人力资源管理

一、企业人力资源及人力资源管理现代化的内涵

（一）人力资源的定义及构成

在经济学上，资源是为了创造物质财富而投入到生产活动中的一切要素。一般来讲，资源可以分为自然资源、资本资源、信息资源和人力资源。

其中人力资源指能够推动整个经济和社会发展的劳动者的能力，即处在劳动年龄的已直接投入建设或尚未投入建设的人口的能力。它是生产活动中最活跃的因素，也是一切资源中最重要的资源，由于该资源特殊的重要性，它被称为"第一资源"。

在数量方面人力资源是由8部分人口构成。具体划分如下：

（1）适龄就业人口：指处于劳动年龄之内、正在从事社会劳动的人口，这也是构成人力资源数量的主要部分。

（2）未成年就业人口：是指尚未达到劳动年龄、但已经从事社会劳动的人口（法律禁止的需要除外）。

（3）老年就业人口：是指已经超过劳动年龄、仍然继续从事社会劳动的人口。

（4）求业人口：是指处于劳动年龄之内的、具有劳动能力并希望参加社会劳动的人口。

（5）就学人口：是指处于劳动年龄之内的、正在从事学习的人口。

（6）家务劳动人是口：是指处于劳动年龄之内的、正在从事家务劳动的人口。

（7）军队服役人口：是指处于劳动年龄之内的、正在军队服役的人口。

（8）处于劳动年龄之内的其他人口。

其中（1）～（3）三部分人口，构成社会就业的人口，即现实的人力资源；其他为潜在的人力资源。

人力资源质量方面的构成包括人的心理、行为、学历、智力以及能力等方面。

（二）人力资源管理现代化的含义

人力资源管理作为企业管理的重要职能，在企业管理中具有核心地位。根据对企业管理外部环境的综合分析，对人力资源管理现代化的界定如下：企业人力资源管理现代化是在人本思想的指导下，运用现代化的观念、手段和方法进行管理决策和实践活动以影响组织员工的行为、态度和绩效。企业人力资源管理现代化具有动态性和系统性的特点，在不同的阶段其现代化的标准是不同的。人力资源管理现代化的标准应能反映企业人力资源管理发展的方向，现代化的思想、手段和方法应受到实践的充分检验，对实践本身具有指导意义。

二、企业人力资源管理现代化的表现

社会背景的深刻变化必然促使企业人力资源管理的变革。其现代化主要表现在以下几个方面。

（一）人力资源管理的信息化

信息化管理是指在企业中利用现代化的信息设备，实现企业经营管理信息的生产、存储、处理、共享以及决策的规模化过程。在信息时代，以计算机技术和通信技术为核心的信息技术对社会发展产生了前所未有的巨大影响，信息技术不但创造了新的技术经济体系，形成了以先进制造技术为代表的先进生产力，而且还形成了一批高新技术产业，为制造业的发展注入了强大活力，促使人类生存和生产方式发生了深刻的变革。信息技术对制造业的影响更重要的作用还在于信息技术与传统制造技术的结合，带来新的工业革命，形成了以先进制造技术为代表的先进生产力。信息技术促进了现代制造方式的变化，带动了设计、生产与经营管理的自动化和数字化，提高了产品的技术与知识含量，加速了制造技术创新速度和新产品开发节奏，提高了制造业自身的素质与水平，促进了制造业资源在全球范围内的流动和优化配置，加速了制造业全球化的进程，特别是信息技术融入制造业的产品，使之功能、结构、质量、性能、性价比、效益等发生质的变化，并创造出一批新产品、新产业。网络作为实现信息化的一项重要支持技术和操作平台，正在给企业提供越来越多的商业机会。如何高效、便捷地利用信息网络，将是企业能否抓住信息化契机来提高自身竞争力的关键因素之一。

（二）人力资源管理组织结构弹性化

在专业分工基础上的金字塔式组织结构逐渐地趋于扁平化，管理层级相对变少，形成横向的组织结构，它围绕横向的流程和过程，而不是职能部门来创设新的结构，在迅速变化的环境中，对问题或机会做出足够快速的反应。自我管理团队成为基本工作单位，团队包含了来自各职能领域的人员，因此，职能界限实际上消失了，以此来更好地面对顾客。同时新的企业组织形式——虚拟企业产生，模糊了企业的界限，拓宽了企业的管理视野。由于竞争环境快速变化，要求企业做出快速反应，而现在产品越来越复杂，对某些产品一个企业已不可能快速、经济地独立开发和制造其全部，因此，根据任务，由一个公司内部某些部门或不同公司按照资源、技术和人员的最优配置，才有可能迅速完成既定目标。这种动态联盟的虚拟企业组织方式可以降低企业风险，使生产能力前所未有地提高，从而缩短产品的上市时间，减少相关的开发工作量，降低生产成本。组成虚拟企业，利用各方的资源优势，迅速响应用户需求是社会集成的具体表现。实际上，敏捷虚拟企业并不限于制造，它更清晰地体现了过程的集成，在全球化的新世纪，企业必须立足全球经营与合作竞争，树立协作精神和战略联盟意识，充分利用各种外部优势实现自身的健康发展。

（三）人力资源管理重视知识管理

由于知识具有高的生产率和创造性，对知识的开发和管理成为企业管理的重要组成部分。所谓知识管理，就是开发出一套有效的管理系统，这样的系统可以说是一种知识传递转移和创造发展的体系，通过这种管理系统，原先是个人的知识经过一连串的转换流程后渐渐变成了组织的知识，这就是所谓知识的转换。知识管理作为企业管理中崭新的领域，也成为现阶段管理的热点和难点。具体来说，在企业中的知识管理运行机制主要包括：①创新失败宽容机制。创新是有风险的，不可能每一次创新都能成功。②企业知识分类与标准化制度。③企业文档积累与更新制度。④知识型项目管理机制。知识型项目更依赖于人的智慧和创新能力，对规定的时间和场地的依赖在其次。⑤外部知识内化机制。使外部知识内部化。⑥知识宽松交流机制。要建立知识宽松交流的机制和宽松交流的环境。面对以智力作为主要经济资源的时代，以知识管理促进企业深度变革，将硬件的改变和软件的改变结合在一起。软件的改变是指人的价值观、愿望、行为和习惯的改变，硬件的改变包括程序、战略、实践和组织架构。通过学习型组织的建立，在组织中形成知识共享的机制，并以此为契机促进变革，是现阶段很多企业面临的重要任务。

（四）人力资源管理强调"以人为本"

人本管理把人作为企业管理的核心和企业最重要的资源，把企业全体员工作为管理的主体，围绕着如何充分利用和开发企业的人力资源，服务于企业内外的利益相关者，从而共同实现企业目标和员工目标。在企业内部，一方面企业要重新认识人的作用，发挥组织内外相关专家的智囊作用；同时要构建全面创新的企业人才体系，给创新观念和创新思维充分的成长空间，充分发挥员工的创造性；还要加大人力资源的投资力度，提高员工的素质。另一方面要将人本管理思想提升到新的高度，建立以新型精神激励为主的激励方式，既强调物质激励与精神激励相结合，又重视建立情感激励，创造出一种使员工精神愉快、关系和谐的组织文化和人际关系。总的来说，企业内部要建立一套包括动力、压力、约束、保证、选择等机制在内的完善的人本管理机制，提供良好的制度环境，以培养出富有参与意识和责任感的员工队伍，从而使员工处于自主管理状态，努力为组织的目标而工作，最大限度地发挥员工的积极性和创造性。在企业外部，企业必须与外部环境主体和谐并存。企业的存在和展离不开其他企业和社会，企业的所有活动根本目的是为了人类社会整体福利的提高，时刻关注自己的社会责任，也是管理"以人为本"的体现和升华。在知识经济的今天，将人本管理纳入企业的经营战略，充分发挥其效用，才能在激烈的市场竞争中立于不败之地，求得更大的发展。

现阶段，研究企业管理现代化问题必须充分关注在外部环境影响下企业管理的变化趋势，对管理现代化的标准界定要反映这种变化的方向，体现时代的特征。

三、推进我国企业人力资源管理现代化所面临的问题与对策

（一）推进我国企业人力资源管理现代化所面临的问题

对各项指标的得分分析和开放式问题的整理可以看出，我国企业人力

资源管理现代化的总体水平还处于较低的状态，其中面临的主要问题可以概括为以下几方面。

1. 人力资源管理信息化程度较低，管理手段落后

人力资源管理信息化程度的高低直接影响企业人力资源管理的效率，在调查中发现绝大多数企业人力资源管理信息系统的建设不完善，致使企业在行使人力资源规划、配置等职能时费时费力、效率低下。人力资源管理信息化作为企业信息化的重要组成部分，成为反映人力资源管理现代化水平高低的重要环节。

2. 企业管理专业人员的素质和能力有待于进一步提高

影响我国人力资源管理现代化水平高低的因素是管理人员的专业能力和素质。许多人力资源管理的专业人员并不了解人力资源管理的特点和基本职能，对现代化的人力资源管理理念和方法十分陌生，在影响和激励员工工作积极性方面简单生硬，缺乏有效的手段，这严重制约着人力资源管理现代化水平的提高。

3. 企业人力资源管理的科学化、制度化建设必须进一步加强

我国企业人力资源管理的随意性普遍存在，制度的不健全致使员工的考核、晋升、报酬环节中存在大量人为的因素，从而影响各项管理职能在管理中的有效性。科学、有效、规范、完善的人力资源管理制度是提高企业人力资源管理现代化水平的基础，在制度的基础上形成的良好企业文化是促进企业发展的根本动力。从调查中可以看出，由于制度的不完善或不落实，出现扯皮现象或办事效率低下，从人力资源管理的角度看工作分析和工作设计的缺陷使得工作职责和工作边界的划分模糊是造成职责不清的关键，再加上管理者素质差，缺乏管理能力，管理手段简单、生硬、落后，缺乏长期性，致使我国企业人力资源管理现代化水平低下。

（二）推进我国企业人力资源管理现代化水平的对策

针对我国企业人力资源管理中存在的问题，本人认为现阶段必须从以下几方面入手加以改进。

1. 深化经济体制改革，进一步完善企业市场竞争环境

人力资源管理现代化水平的提高与我国经济体制改革的整体进程密切相关。现阶段，我国经济体制的改革的总体框架已经明确，在所有制结构

上，坚持以公有制为主体，多种经济成分共同发展；在分配制度上，以按劳分配为主体，其他分配方式为补充，逐步实行共同富裕；在经济运行与资源配置上，以市场机制为基础，同时政府进行必要的宏观调控；在企业制度上，探索和完善公有制经济的多种实现形式，使企业逐步做到自主经营、自负盈亏、自我发展、自我约束，成为充满生机和活力、行为合理的商品生产经营者；在劳动制度上，引入竞争机制，实行劳动用工的双向选择，同时建立劳动者的社会保障机制，以保持社会稳定；在对外关系上，进一步扩大对外开放，更加放手地利用国外资金，引进先进技术和经营管理经验，同时积极参与国际竞争。企业人力资源管理现代化水平与企业制度、国家劳动制度紧密联系，企业治理结构与社会保障体系的完善与否直接影响企业人力资源管理政策的实施，进一步深化经济体制改革是提高企业人力资源管理现代化水平的关键。

2. 加快工会的改革，强化工会组织的作用

在市场经济条件下，工会运动的特点是由市场经济条件下的经济关系和劳动关系所决定的，工会运动应直接体现经济关系和劳动关系的要求。随着我国企业制度的改革，国有企业成为具有生产经营权利和独立经济利益的市场主体，企业行政方在劳动关系中的地位和权利在不断增长，工人的地位和权利在相对下降，劳动关系的利益结构发生了变化，其调节手段由行政控制转化为市场调节为主，这要求工会必须在劳动关系中明确自身的身份和地位。在我国经济改革的二十多年中，工会的改革一直在进行，改革的核心是如何定义工会的职能和工会的地位。

3. 加强人力资源管理的基础性工作

我国已有学者将人力资源管理中的工作分析与工作设计、人力资源管理制度的完善和人力资源管理信息系统的建设归为人力资源管理的基础性工作，指出这三项工作是有效实行人力资源管理职能的基础，为有效实施人力资源管理的各项活动搭建平台。这三方面工作的滞后也严重影响了企业人力资源管理现代化水平的提高。针对现阶段我国企业人力资源管理的实际，首先，制度化建设是提高企业人力资源管理现代化水平的首要问题。人力资源管理的制度化、科学化是指用科学、现代的方法界定企业各部门、各岗位的职责、职权和职能，并对人力资源管理的各项活动的规范化程序做出规定，制度的建设使企业人力资源管理活动有章可循，降低人为因素的影响。制度的建设应涉及人力资源管理活动的各个方面，包括确定人力

资源规划的方法及过程，在人员招募与配置中确定能真实反映员工素质和引导员工的方法与程序，员工培训与绩效管理的制度安排，以及反映绩效水平和能力的报酬体系和晋升制度，进而在不断改进员工关系的基础上，形成良好的企业文化，提升企业绩效。制度不完善造成管理的随意性是现阶段影响我国企业人力资源管理现代化水平提高的重要原因，是企业需要重点突破的领域。

其次，加强人力资源管理的信息系统的建设。信息管理即对信息进行组织、控制、加工、规划等，从而实现信息和有关资源的合理配置，有效满足社会的信息需求过程。信息管理作为一种系统，既包括对信息的收集、加工、存储、报道、传递等业务的管理，同时也包括对计算机硬件和软件应用开发以及对通信技术和新发展的多媒体技术等应用开发业务的管理。在企业中信息管理是企业目标得以有效实现的前提，企业实现信息化需要信息技术和资金的保证，最为重要的是信息管理人员的支持，为保证信息管理活动的顺利开展对人力资源和社会环境要素进行管理，建立各类信息存储加工制度，各类人员的激励制度，信息的知识产权保护策略等，即信息管理不仅是技术还必须考虑经济和人文因素的结合。以计算机技术为核心对信息进行系统管理是现代化企业管理的重要特征。虽然在国家的倡导下，企业对信息化建设的关注度不断提高，但我国企业信息化水平仍处于起步阶段，人力资源管理信息系统作为企业信息管理系统的组成部分，对企业人才知识结构、行为表现等方面进行实时分析，更好地挖掘、开发、管理人力资源。在线招聘、培训、评估、福利申请和沟通交流大大提高了人力资源管理的效率，这也是人力资源管理发展的趋势。

另外，在人力资源管理中，工作分析也是一项重要的基础性工作。通过工作分析，能够诊断出组织在人力资源管理的具体环节中存在的各种问题，根据工作分析的结果及时对工作作出调整，从而进行人员的有效配置和利用，保证组织的健康发展。

工作设计的目的就是要建立一个工作结构，来满足组织和技术的需要，满足工作者的个人需要。一个好的工作设计可以减少单调重复性工作的不良反应，而且还有利于建立整体性的工作系统，此外可以为充分发挥劳动者的主动性和创造性提供更多的机会和条件。

4. 重视人力资源管理的教育与培训

人力资源管理人员的专业化水平低也是影响企业人力资源管理现代化

实现的重要因素，因此，重视管理专业教育和培训是提高企业管理现代化水平的重要途径。

首先从加强高等教育整体发展的水平看，我国从 1999 年起各高校扩招，高等教育入学率有了很大的提高，但离高等教育普及化还有很长的距离，受过高等教育的人数在总人口中的比例很小。教育的普及是实现现代化的重要标志，管理专业人员的受教育水平也是实现企业管理现代化的重要前提。

其次，从培养高层次管理人才的力度看，我国也处于刚刚起步阶段。从 1991 年我国开始设立工商管理硕士（MBA）学位和试办 MBA 教育，近年来来，MBA 培养院校不断扩大，毕业生人数也明显增多。国务院学位委员会召开了全国高级管理人员工商管理硕士（EMBA）专业学位教育工作会议，批准 30 所开展 EMBA 教育试点的高校，为培养高级管理人才开辟了新的途径，但在推行过程中规范化管理、教学质量和教学设施的改进等都是应予以关注的问题。

最后，在加强管理人员专业素质方面，企业和高校之间的配合也是非常关键的环节。企业界要更新观念，善用外脑，充分利用教育资源帮助企业解决实际问题，学术界应通过各种方法帮助企业树立正确的管理理念，掌握科学的管理方法，这也是教育科研机构面临的新课题。管理人员的综合素质提高是实现企业管理现代化的关键，教育和培训应日益受到重视。

第二节　企业人力资源规划管理

一、企业人力资源规划的原则

（一）企业战略与人力资源规划相衔接

企业人力资源规划所涉及的范围非常广泛，既可以在整个企业中运用，又可以只应用于企业的某个部门或是某个工作的集体；不仅可以单独进行制定，而且还可以集体制定。但要注意的是，无论采用哪种制定方法，也无论是在应用在企业的哪个部门，都一定要注意的是与企业整体发展战略的相衔接，只有这样才能保证企业的目标与企业的资源相协调，也才能够保证人力资源规划的有效性和准确性。

（二）充分考虑内外环境的变化

由于市场经济的日益激烈，企业内外部的环境也不断发生着变化，因此企业在制定人力资源规划的过程中，必须对企业内外环境的变化进行充分的考虑，否则所制定出来的人力资源规划就极有可能不符合企业自身发展的目标。规划在任何时候都是面向未来的，而在未来不确定因素是时有发生的，这其中包括内部因素和外部因素。内部变化主要是指产品的变化、销售的变化、发展战略的变化、企业员工的变化等等；外部变化主要是指政府人力资源政策的变化、人力供需矛盾的变化、市场的变化以及竞争对手的变化等。为了能够更好地适应这些变化，在人力资源规划中，就应该对可能出现的情况做出全面的预测和分析，然后还要制定出应对各种风险的对策和措施。

（三）促使企业与员工共同发展

企业所制定的人力资源规划不仅可以为企业自身的经营发展做出巨大的贡献，并且还能够促进企业内部员工的发展。在知识经济的时代，只有人力资源素质的不断提高，才能适应时代的发展变化，因此员工自身的职业前途也就越来越受到他们的重视。工作对于所有的职业者来说，都不仅仅只是一种谋生的手段，它同样也是人们实现自我价值的一种极为重要的方式。企业想要实现自身经营和规模的不断发展，其余员工的发展是绝对分不开的。二者之间相互依存、相互促进，共同促成了企业的辉煌。由此看来，一个合格的人力资源规划，必须是要能够使企业和员工都能够得到长期利益，能够促使企业和员工实现共同发展的计划策略。

二、企业人力资源规划的内容

企业人力资源规划是企业对未来人员的需求和供给之间可能差异的分析，或是企业对人力需求与供给做出的估计。企业人力资源规划分为中长期规划和年度规划，年度计划是执行计划，是中长期规划的贯彻和落实，中长期规划对人力资源规划具有方向指导作用。无论是哪种人员规划，其内容都具有一定的相似性，一般来说企业人力资源规划主要包括以下几个方面的内容。

（一）人员补充规划

企业的人员补充规划指的是，在中长期内使岗位职位职务空缺能从质量上和数量上得到合理的补充。人员补充规划要具体指出各级各类人员所需要的资历、培训、年龄等要求。

（二）岗位职务规划

岗位职务规划主要解决的是企业定员定编的问题。企业要依据自身发展的近远期目标、劳动生产率、技术装备工艺要求等状况来确立与之相应的组织机构、岗位职务标准，以此来实行企业的定员定编。

（三）人力分配规划

企业的人力分配规划指的是，依据企业各级组织机构、岗位职务的专业分工来配置所需的人员，其中包括工人工种分配、干部职务调配及工作调动等内容。企业通过内部人员有计划的流动来实现对员工在未来职位上的安排和使用，其配备计划就是这种人才流动计划。

企业实行配备计划具有重要的作用，主要变现在三个方面：首先，当等待提升的人较多，而上层职位又较少时，那么就可以通过配备计划实现员工的水平流动，以减少员工的不满情绪，安心等待上层职位空缺的产生；其次，在企业人员过多时，工作方式也可以通过配备计划进行适当的改变，对企业中不同职位的工作量进行调整，使员工工作负荷不均的问题得到解决；再次，当企业要求某种职务的人员同时具备其他职务的经验或知识时，就应该使其有计划地流动起来，以培养高素质的复合人才。

（四）教育培训规划

企业所制定的教育培训计划指的是，根据企业自身发展的实际需要，通过一定的教育培训方式，从而为公司培养出满足当前和未来所需要的各级各类合格员工。

（五）人员晋升规划

企业的人员晋升规划指的是，依据企业的组织需要和人员分布状况，以此来制定提升方案。对于企业来说，使人和事的匹配达到尽量最大程度是非常必要的，其对于调动员工的积极性和提高人力资源利用率具有非常重要的意义。晋升不仅可以实现员工的个人利益，并且也会提升员工的工作责任感和增加他们的挑战心理。这二者有机结合起来，就会对企业内部的员工产生一种巨大的能动作用，以使的企业组织能够获得更多的利益。

（六）薪资激励

薪资激励对所有的企业来说都具有重要的作用，因为其对所有的员工都会产生巨大的激励作用。企业实行薪资激励不仅能够确保企业人工成本与企业经营状况保持恰当的比例关系，而且还可以充分发挥薪资的激励作用。薪资的总额通常都是由企业组织内员工不同的分布状况和工作绩效来进行决定的。通过薪资激励的政策，企业可以在预测企业发展的基础上，推测和预算出未来的薪资总额，并能够以此为依据来确定未来时期内的激励政策。

（七）员工职业生涯规划

企业员工的职业生涯规划可以划分为两个层次，即个人层次的职业规划和组织层次的职业规划。职业生涯指的是，一个人从首次参加工作开始的一生中所有的工作活动与工作经历按编年的顺序串接组成的整个工作过程。个人层次的职业规划就是个人为自己设计的成长、发展和不断追求满意的计划；组织层次的职业规划则指的是，组织为了不断增强其成员的满意感，并使其能与组织的发展和需要统一起来而制定协调有关组织成员个人的成长、发展与组织的需求、发展相结合的计划。其中，我们所说的人力资源规划中的职业规划指的是组织层次的职业规划。

（八）退休解聘规划

企业组织在制定退休规划时，一定要按照国家有关政策的相关规定来进行。对于需要解聘的员工，则需要按照劳动合同的相关要求来执行。当劳动合同期满或当事人双方约定的终止条件出现，劳动合同即终止。当事人协商一致的，可以续订劳动合同；当事人中任何一方不同意续订劳动合同的，劳动关系即终止。劳动合同履行中，双方可以协商解除劳动合同；出现法定解除劳动合同条件的，当事人有权解除劳动合同。

三、企业人力资源规划的步骤

企业人力资源的规划工作实际上就是一个从收集信息和分析问题，到找出问题解决办法并加以实施的过程。这个过程的实行需要遵循一定的步骤，具体说来主要包括以下几个方面。

（一）调查收集和整理相关信息

当前在我国市场经济大发展的条件，影响企业经营管理是的因素也越来越多，越来越多样化，主要包括市场占有率、生产和销售方式、产业结构、技术装备的先进程度以及企业经营环境等，除此之外，我国社会的政治、经济、法律等环境也会对企业的经营管理产生很大的影响。这些因素对企业制定人力资源规划具有硬性的约束，因此几乎所有企业在制定人力规划时都必须要加以考虑。

（二）了解企业现有人力资源状况

对企业现有人力资源状况的了解主要包括以下几个方面，如现有人员的数量、质量、结构以及人员分布状况等。企业应对这几个方面的人力资源状况有一个明确的把握，只有这样才能为人力资源的规划做好充分的准备工作。这项工作要求企业要建立完善的人力资源管理信息系统，对企业员工的各种信息进行详细的记载，如个人自然情况、录用资料、工资、工作执行情况、职务和离职记录、工作态度和绩效表现等。只有企业的管理人员对本企业的员工有一个全面的了解，才能够最大程度的降低企业人力资源规划的风险。

（三）预测组织人力资源供求

对企业人力资源供求关系的预测，即采用定性和定量相结合的预测方法，对企业未来人力资源供求进行分析和判断。这项工作具有很强的技术性，企业人力规划的效果和成败就是由其准确度决定的，是人力资源规划工作中最为关键的一步。

（四）制定平衡人力资源的各项计划

企业在制定平衡人力资源的各项计划中，要以实际为基础，对各种条件要充分利用，制定总计划和业务计划，以平衡人力资源供求关系，并提出一些具体的政策措施，用来调整供求关系。这是人力资源规划活动的落脚点，人力资源供需预测是为这一工作来服务的。

（五）对人力资源规划工作进行控制和评价

对企业人力资源的预测是整个人力资源规划的基础，但需要注意的是，预测与现实毕竟是有差异的。因此，在执行过程中必须对制定出来的人力资源规划加以调整和控制，使它与实际情况相适应。人力资源规划的控制包括两方面内容。一方面是，整体性控制，使人力规划与企业经营计划和与企业内外部各方面一致；另一方面是，操作性控制，即对中小型企业人力资源规划的实施情况进行跟踪与控制，考察人力资源管理活动是否按规划进行。在实施控制的过程中，必须对员工的意见和反映充分的重视。

（六）对人力资源规划进行评估

在整个人力资源规划的过程，对人力资源规划的评估是其最后的一步。人力资源规划是一个重要的开放系统，并不是一成不变的，因此必须要定期对规划的过程和结果进行监督和评估。除此之外，还要对信息的反馈加以重视，并且要不断进行调整，使其更切合实际，以促使企业目标更好的实现。

四、企业人力资源规划的意义

企业进行人力资源规划的意义主要体现在三个方面：

第一，在当前企业的管理现状中，要想确定企业什么时候需要补充人员，补充哪些层次的人员，如何避免各部门人员提升机会不均的现象，如何组织多种需求的培训等，就必须具备良好的人力资源规划管理，否则就会出现头痛医头脚痛医脚的混乱状况，这对企业的成长与发展都是极为不利的。

如果一个企业的规模很小，并且在低职位的人较多时，企业所耗费的人工成本就会相对便宜。但是随着时间的不断推移，企业规模的不断扩大，人员的职位等级水平的不断上升，企业所耗费的工资的成本也会不断增加。如果没有恰当的人力资源规划，企业就无法预计未来的人工成本，这样就很可能会导致成本上升、效益下降等对企业不利的状况出现。因此，在预测未来企业发展的条件下，人员的分布状况要有计划逐步进行调整，合理的控制支付成本，这对实现企业的可持续发展是极为有利的。

第二，良好的人力资源规划，有助于调动员工的积极性。根据"摘苹果原理"，人必须要有目标，而且只有在通过努力可以实现的前提下，才能发挥人的最大工作积极性。企业在恰当的人力资源规划的指导下，员工才可以看到自己的发展前景，从而去积极地努力争取。人力资源规划有助于引导员工进行科学合理的职业生涯设计和职业生涯发展。

第三，在对企业进行人力资源规划的过程中，不断满足企业在各方面对人力资源的需求保障企业实现不断发展的需要。人力资源与组织的生存和发展之间具有十分密切的关系。在企业的动态变化过程中，人力资源无法自动实现的需求和供给的平衡，因此这时就需要对企业的供求关系进行全面的分析，根据实际的需求来采取适当的手段来调整这一差异。在企业的人力资源管理中，预测组织的供求差异并调整差异，这是人力规划的基本职能。

第三节　企业员工绩效评估管理

一、绩效与绩效评估的内涵

（一）绩效

绩效是一个含义广泛的概念，在不同情况下，绩效有不同的含义。从字面上看，"绩"是指业绩，即员工的工作结果；"效"是指效率，即员工的工作过程。

也就是：绩效=优良的工作过程+优异的工作结果。

影响绩效的关键因素主要有以下五个方面：

（1）工作本身的目标、计划、资源需求、过程控制等；

（2）工作者本身的态度、工作技能、掌握的知识、IQ、EQ 等；

（3）管理机制，包括计划、组织、指挥、监督、控制、激励、反馈等；

（4）包括流程、协调、组织在内的工作方法；

（5）工作环境，包括文化氛围、自然环境以及工作环境。

其中每一个具体因素和细节都可能对绩效产生很大的影响，控制了这些因素就同时控制了绩效，管理者的管理目标实质上也就是这些影响绩效的因素。

（二）绩效评估

绩效在不同因素影响下会产生不同的变化，这些要素包括时间、空间、工作任务的条件和环境等。因为这些要素自身呈现出了强烈的多样性、多维性与动态性，所以我们对绩效的评估也不能忽视这绩效的一特点，必须向着多角度、多方位和多层次的方向对绩效评估进行管理。

对于绩效评估，不同的学者有不同的认识，早期的观点主要有以下几种：

（1）对组织中成员的贡献进行排序。

（2）对员工现任职务工作业绩的出色程度以及担任更高一级职务的发展潜力，进行有组织的、定期的并且是尽可能客观的考评。

（3）对员工的个性、资质、习惯和态度以及对组织的相对价值进行有组织的、实事求是地考评，它是考评的程序、规范、方法的总和。

（4）人事管理系统的组成部分，由考核者对被考核者的日常职务行为进行观察、记录，并在事实的基础上，按照一定的目的进行的考评，达到培养、开发和利用组织成员能力的目的。

（5）定期考评和考察个人或工作小组工作业绩的一种正式制度。

从以上观点中我们可以看出，虽然各界的专家和学者对绩效考核的认识并不完全一致，但是他们的认识中大多都包含以下三个观点：

（1）绩效考核是人力资源管理系统的组成部分，它有自己系统的制度规范、和考核方法。

（2）绩效考核是对组织成员在日常工作中所表现的能力、态度和业绩，进行以事实为依据的评价。

（3）绩效考核是从企业经营目标出发对员工工作进行考评，并使考评结果与其他人力资源管理职能相结合，推动企业经营目标的实现。

归纳起来，我们可以看出绩效评估是指考评主体对照工作目标或绩效标准，采用科学的考评方法，评定员工的工作任务完成情况，员工的工作职责履行程度和员工的发展情况，并且将评定结果反馈给员工的过程。

二、绩效管理的内涵及意义

（一）绩效管理的定义

对于绩效管理的定义，可以从以下几个方面进行把握：

（1）绩效管理实际上是一个完整的系统，它包括绩效的界定、绩效的衡量以及绩效信息的反馈三个过程。有效的绩效管理系统首先要明确对组织目标的实现具有至关重要意义的绩效内容；其次还要通过绩效评价对员工的各个方面的绩效进行衡量；最后要通过绩效反馈将最终的绩效评价信息反馈给企业员工，使员工能够根据组织的目标不断提高自己的工作业绩。

（2）绩效管理的过程，实际上也就是组织与员工不断进行沟通的过程。通过彼此间的交流与沟通，员工能明确组织的发展目标，最后双方在业绩的要求上达成共识，从而保证员工的工作过程以及工作结果始终与组织目标相一致。

（3）绩效管理是将员工的工作活动与组织目标联系在一起的过程。组织的绩效最终要通过员工的绩效来实现，而员工的绩效又必须在组织目标这一整体框架内进行评价，并且评价的内容和标准都要以组织目标为依据。提高员工工作绩效的根本目的是保证组织目标的顺利实现。

（二）绩效管理的意义

1. 企业战略落实的载体

与员工绩效直接挂钩的是员工的工作态度和工作方式，绩效管理通过为每个员工制定切实可行的绩效目标，可以将公司战略、企业与人合为一体。企业在绩效目标的制定上应当注意自上而下的制定和程序，也就是说公司的战略通过绩效目标的制定层层下传。

2. 构建、强化企业文化的工具

企业文化是企业极为重要的无形资产，它深刻地影响着企业产品在销售市场上的形象和口碑。现代经济条件下，很多企业都在努力构建自己的企业文化，但大部分企业对这一概念的认识并不深入，只是停留在几句象征性的宣传口号上。企业文化的核心就是企业经营的价值准则，体现在企业生产和管理的各个方面，而绩效管理在企业价值观的传递过程中扮演的正是"中间人"的角色，具有强化和构建的作用。

3. 员工进步的助推器

绩效管理具有极为积极的推动作用，它促使管理者对员工进行指导、培养和激励，提高员工的工作能力和专业水平，进而改善和提高自己的绩效。绩效管理对员工进步的推动作用主要表现在三个方面：

（1）企业通过绩效管理，可以清晰地发现员工之间的差距，并促使其寻找造成这种差距的内在原因，进而使员工充分发挥自己的长处。

（2）企业通过绩效管理，使员工持续改进工作绩效。

（3）企业通过绩效管理，可以增强各级管理者之间、管理者和员工之间的交流和沟通，从而树立起员工的团队意识增，强企业凝聚力。

通过上面的描述我们可以看出，绩效管理不仅是人力资源管理的重要组成部分，更是现代企业增强自身发展能力，改善企业管理的重要手段。绩效管理就是要通过考核提高个体的效率，最终实现企业的目标。

三、绩效评估的标准

绩效评估标准是绩效评估工作开展的基础，因此确立科学的评估标准，对企业绩效评估工作的发展具有重要的意义。

（一）个人品质

以个人品质为标准的绩效评估是指根据一个人具备某些品质的程度来判断他的绩效，个人品质测评的突出特点是它假设绩效高的人具备某些共同的优秀品质。这种评估方式最常涉及的考核项目包括与人相处的能力、勤勉程度、合作性、判断力、创造性、自主性、领导能力、社会性、热心、勇气、忠诚、可靠性、进取心、自信心以及一些与职务有关职业品质和能力。但企业在对员工实际的评估过程中以个人品质为标准对员工的绩效进行评估时，其要求通常都会远远超过岗位工作特征。

以个人品质作为评估的基础时，考核者需要清楚地说明每项品质的含义。如果企业绩效评估将判断力作为考核标准，那么必须要说明判断力的明确定义——"在得出正确结论的过程中，识别重要和次要因素的能力"。同样的道理，每个评定等级的标准和要求也要给出明确的甚至是量化的说明，以增强评判标准的可信度和实际操作的空间。

品质考评的内容清晰明了，操作上简单易行，对员工还可以起到一定的激励作用，因此在实际工作中得到广泛应用。

以品质作为评估标准的绩效考评体系还有其固有的缺点，具体来说主要表现为以下几点。

（1）考核可能存在一定的主观倾向。在实际工作中，企业的经理人不愿意以自己的主观判断去决斗别人的发展前途，因此在评判过程中他们总是执行模棱两可的评判标准，并尽可能使各人的评价大同小异，在这种情况之下企业的绩效评判系统最终会流于形式。

（2）品质考核的基本假设难以统一。在研究过程中许多学者发现，个人品质与实际工作之间很难建立直接关系，经理人很大程度上是以个人印象来代替真实情况。

（二）工作成果

以工作成果为标准的绩效评估指的是，根据一个人完成预期产出和贡献的大小来判断其绩效。从这个描述中我们不难看出其评估目标的量度核心，以及其促使职工完成企业所交付的任务的作用。企业在以工作成果为标注评估企业员工的绩效时，最关心的评估项目包括利润、废品率、净销售额、销售成本、维护费用、应收账款的平均天数、投资回报率等。企业通过为这些项目制定评估指标，可以根据完成目标任务的程度对下属的绩效进行评估，并可以起到促使员工改善工作，提高企业绩效的作用。

以工作成果作为考核基础的绩效评估体系，其优点主要有：

（1）评价结果客观，并且具有切实可行的操作性；

（2）根据实际成果衡量一个人的工作完成得怎样，考核的对象可以测量，减少了考核中的纯粹推断成分。

其缺点主要有：

（1）过于注重结果的评估。在工作人们可能会由于一些客观原因，付出了劳动却没有达到目标，而结果测评正是去缺少对这种不可控制的因素的考虑。

（2）容易产生只看结果不问手段、片面追求短期利益等倾向。

我们应该注意的是，虽然以工作成果为标准对员工绩效进行评估具有很高的可操作性，在大部分企业里都有实行的空间，但这并不代表所有类型的企业或所有的企业部门的绩效都适合用这一标准来衡量。一般而言企业中可以运用成果评价绩效的领域有生产和销售部门，而人事、财会、研发、公关等部门并不适用此标准。

（三）日常行为

员工的日常行为可以作为评估的依据。在员工行为的评估方面常见的评估项目有服从命令情况、遵守纪律情况、按时出勤情况等。

由于生产性质的差异，有的企业在战略规划上将企业工作的按时完成视为企业目标实现的基础，在这种生产组织形式下的企业以行为为基础的绩效评估体系非常实用和有效。行为标准的评估方法的优点在于能够为职工提供有利于改进工作绩效的反馈信息；缺点是如何建立一套行之有效的考核行为尺度。如果能建立一套科学合理的评估行为的尺度，根据这个尺度考核职工的工作在行为标准的评估体系下其有效性和科学性都会得到极大的提高。以行为为基础的评估比较适合于绩效难以量化评估的工作，如经理人员和专业技术人员的工作。

通过上面的介绍我们可以看出这三种评估各种特点，它们之间区别在于侧重点的不同：个人品质评估着眼于考核对象"是个什么人"；工作成果评估更看重考核对象"干出了什么"；行为考核则关注评估对象"干了什么"。

四、绩效评估的主要方法

绩效评估主要方法有关键事件法、评级量表法、强制分布法、配对比较法、排序考评法等。

（一）关键事件法

关键事件法是以记录直接影响绩效好坏的关键性行为为基础的考评方法。关键事件指的是员工在工作过程中做出的对其所在部门或企业有重大影响的行为。这种影响包括积极影响和消极影响。使用关键事件法对员工进行考评，要求管理者需要将员工日常工作中的好的行为或不良行为认真记录下来，根据所做的记录来对员工的工作绩效进行评估。

关键事件法一般都可以作为其他评价方法的补充方法，它具有很多方面的优点：其一，它可以确保在对员工进行考评时，所依据的是员工在整个考察周期内的工作表现，而不是员工在近期内的表现，减小近期因效应问题所产生的考评偏差；其二，对关键事件的记录为考评者向被考评者解释绩效考评结果提供了确切的事实依据；其三，通过对关键事件的记录，管理人员可以获得一份关于员工消除不良绩效的实际记录。

关键事件法在具体操作时，也存在一些方面的不足，主要表现在，可能会产生管理人员漏记关键事件的现象。在大多数的情况下，刚开始，管理人员都是忠实地记录每一个关键事件，到后来因失去兴趣或是因为工作繁忙等原因而来不及记录，等到考评期限快结束的时候再去补充记录。这样，就很有可能会夸大近因效应而产生的偏差，从而影响对员工绩效评估的客观性。

（二）评级量表法

评级量表法是企业经常采用的一种绩效考评方法，它主要借助事先设计的等级量和考核标准来对员工的工作绩效进行统一标准的考评。

使用评级量表进行绩效考评的步骤主要有：

（1）根据考评的目的和需要来设计等级量表，将有关绩效考评的项目分别列入表中，并具体说明每一项目的含义和量化标准。

（2）然后将每一考评项目分成若干等级并给出每一等级相应的分数，由考评者对员工每一考评项目做出恰当的评价和记分，

（3）最后计算出总分，得出考评结果。

（三）强制分布法

强制分布法也可以被称为强制正态分布法。企业的所有部门都都有优

秀、一般和较差的员工，强制分步法就是针对这个特点来设定的。因此，在运用强制分布法进行绩效考评时，要求考评人员依据"中间大、两头小"的正态分布规律，预先确定评价等级以及各等级在总数中所占的百分比，具体的比例可以有所不同，但无论采用哪种比例，其分布都要符合正态分布的规律，然后按照被考评者绩效的优劣程度将其列入其中某一等级。

强制分布法适用于被考评人员数量较多的情况，操作起来也较为简便。遵从正态分布规律，可以有效减少由于考评人员的主观性而产生的偏差。除此之外，这种方法也有利于管理控制，尤其是适用引入员工淘汰机制的企业，它能帮助筛选出被淘汰的员工。但是，这种方法也存在一定的缺陷，如果在某一个部门的所有员工工作绩效都很好，这时使用强制正态分布的方法进行绩效考评所得到的结果就会失去公平性。

（四）配对比较法

配对比较法也称为两两比较法或对偶比较法，它是较为细化和有效的一种排序方法。

配对比较法的具体操作步骤是：

（1）将每一个考评对象的工作数量、工作质量、工作态度等基本工作要素按一定的顺序列好。

（2）将每一个考评对象的工作因素所有其他员工依次进行比较，将优秀者标记为"+"或"1"，将差一点的员工标记为"－"或"0"。

（3）计算出每个被考评者所得正负号的数量或具体得分，并排序。

配对比较法实质上是将全体被考评者看作一个有机系统，其准确度较简单的排序考评方法高得多。但是，该方法在操作时比较烦琐尤其是涉及人数较多时，考评者一定要注意考评数据的准确性。

（五）排序考评法

排序考评法是依据某一考评维度，如工作质量、工作态度或者依据员工的总体绩效，将被考评者从最好到最差依次进行排序。在这种绩效评估方法的实际操作中，又可以分为简单排序和交替排序两种方法。简单排序指的是，依据某一标准由最好到最差依次对被考评者进行排序。交替排序指的是，则是先将最好的和最差的列出，然后再挑出次好的和次差的，以此类推，直至排完，最后将所有员工的姓名都列出来。将绩效评价最高的员工的姓名列在第一格中；将绩效评价最低的员工的姓名列在最后一格中。

然后将次好的员工姓名排列在第二格中，将次最差的员工姓名排列在倒数第二格中。依次交替进行，直到所有的员工姓名都被列出。

排序考评法通常适用于小型企业的员工考评，而且被考评对象最好是从事同一性质的工作。排序考评法最大的优点是简便易行，省时省力。它的不足之处是：由于主要是依靠考评者的主观判断进行排序，不同考评者会有不同的倾向性，因此会在排序中产生一定的偏差；没有具体的考评指标，因此当两个人的业绩相近时，就会很难确定其先后顺序；被考评者只会知道自己的排序情况，却不能明确自身的优点和不足之处；缺乏具体的考评标准，无法同一组织中不同部门的员工进行比较。

（六）平衡计分法

平衡计分法是也是企业常用的一种绩效管理和评价方法，这种考评方式的关键是平衡计分法的编制和实施。一套科学合理的平衡计分法不仅需要企业将其内容与经营业绩、管理业绩相对、管理者的奖励与惩罚相等工作内容结合，还要与企业的发展战略与经营策略相结合。

平衡计分法的编制和实施应遵循以下几个步骤。

1. 明确企业发展战略和经营策略

企业的发展战略和经营策略是企业进行日常经营和管理的基本依据，对每个部门的工作都具有实际的指导意义，企业在进行平衡计分法之前应该对此有一个深刻并且明确的认识。企业平衡计分法的设计就是制定一些评价指标去衡量各部门管理人员所从事的和完成的工作是否可以完成相应的战略目标。同时，成立一个平衡计分小组或委员会专门解释企业战略和经营策略，使每个管理者对企业战略和经营策略都有一个深入的理解。

2. 建立各项具体指标

既然是考评就必然有相应的评判标准，平衡计分法编制就是建立客户、财务、内部经营、学习发展以及发明创新的具体指标，还要为四类具体指标找到最贴切的管理业绩评价指标，有时候需要量化表示。就一般的平衡计分法来说，每个子模块需要制定 3~5 个合适的指标，这些指标在性质上既是每一类具体指标分解的结果，又是每个子模块的有机组成部分。

3. 确定具体量化目标

企业平衡计分卡编制的第三个步骤是确定每一阶段管理业绩评价指标的具体量化目标，并据此制定管理者的工作计划，安排生产者的工作进度。

企业在计划制定好之后，还须经常用指标去测评计划实施效果，并与预期目标相比较，看他们是否相符。如果测评结果与预期效果有较大差异，那么企业必须要及时对平衡计分法进行相应的修改。

4. 修正平衡计分法

通过第三步的介绍我们知道，测评结果与预期效果可能会产生较大的差异。平衡计分法的修正是企业整个编制过程的最后一个环节，在该环节企业通过调查表等方式征求并采纳员工提出意见合理意见，通过平衡计分法相应指标的修改完成对企业管理的调整。在修改过程企业员工的作用不可忽视，因此企业应该充分发挥员工的主人翁精神，让更多的员工参与到管理业绩评价的监督行动中来，防止"官富民贫"的不合理现象的出现。

（七）360 度考核法

大部分企业在进行绩效考核时，由上级主管人员来完成。随着经济环境和企业经营组织模式的改变，这种考核方式信息考核面较窄的缺点日益突出，并且会考核的客观性和公正性的丧失。在这种背景下有一部分企业提出了 360 度考核法，该方法的考察主体更加丰富和广泛通（上级主管、同事、下属和顾客等）是企业可以从不同的角度来对员工的绩效进行考核，准确、全面地考核员工的工作业绩。360 度考核法主要按照以下几个方面来实施。

1. 考核方法

360 度考核法是一种基于经理、客户、合作者、供应商等信息资源的收集、提供考核并考核绩效的方法。

在通常情况下，评分表都是以无记名的方式进行收集的，以便提供信息者能轻松诚实的评分。然后评分表由人或计算机程序分别进行汇总。最好是员工能有机会就评分情况同经理谈一次。当然也还有一些不同的方法。

2. 考核者

考核者可由以下 2 个方面构成。

（1）同事。每个人都不是孤立存在的，自己的行为会对周围的人产生或大或小的影响，在绩效考评上这一点是指每个员工多工作的态度和行为都在客观上影响着周围的人。在进行绩效管理和评价时应考虑这种相互作用和依存关系，因此员工也需要同伴的考核和信息，以便他们更好地提高和成为更好的团队成员。

（2）客户。由于企业的成功或失败都是不以任何人的意志为转移。让员工接受来自上司的信息考核和评价是个好主意，但是这还远远不够企业的管理人员也应该尽量听取顾客的意见。这确实有意义。客户是拿走企业生产出来的产品即输出物的人。但还有供应商，这些人提供输入物即企业加工用的原材料。客户服务和质量管理方面的专家认为这方面的关系也很重要。

第四节　企业人力资源管理信息化发展研究

目前，信息技术的飞速发展有效地促进了企业人力资源管理的信息化建设，使其实现了创新发展，基于此可以有效地缓解相关人员的工作压力，减少其工作量，提升管理效率，提升企业的管理水平。所以，企业要树立较强的信息化管理意识，能够充分认识到信息化管理具有的优势，并且结合企业的实际状况采取科学的信息化管理手段，以此来全面地提升管理水平，进而为企业核心竞争力的增强奠定良好的基础。

一、企业人力资源管理信息化内涵及意义

（一）企业人力资源管理信息化内涵

所谓的人力资源管理信息化，即为把人力资源管理工作与信息技术有机融合起来，充分发挥信息技术的作用，实现对于人力资源的优化配置与科学利用。企业要构建科学、健全的人力资源管理系统，充分地贯彻落实以人为本的管理理念，实现该管理工作以及信息技术的同步发展。通过对于信息技术的科学运用有效地提升人力资源管理工作的规范化与程序化水平。利用信息技术科学地收集信息资料，实现对资料的整理与分析，进而为企业的发展、为企业决策的制定提供有利的信息基础。另外，要利用科学的信息技术不断地更新管理理念，全面提升管理效率以及管理水平。在信息化人力资源管理系统中会包括多个模块，例如服务共享以及信息自动处理等模块。如此一来，可以有效地节约成本，提升效率，提升人力资源管理的整体水平，为企业的发展提供有力的人才保障。

（二）企业人力资源管理信息化的意义

1. 有助于减少人力资源管理成本

首先，借助于信息技术创建的人力资源管理系统可以更加高效地完成

管理工作，其比传统人力资源管理系统有着更多的优势。二者之间的对比就犹如计算机与手工计算之间的对比。例如，假如想要对一组数据进行计算，采用计算机的工作效率肯定要显著地优于手工计算，而且结果更加准确、更加科学、效率更高。数据越复杂化，那么该优势也就会更加显著。两种管理系统对于小规模企业而言的效用或许是相同的，然而对于大规模企业而言，后者的优势更加显著，显著地优于前者，而且企业的规模越大，那么该优势也就会更加显著。其次，通过信息化管理可以有效地降低招聘成本与培训费用。通过对于信息技术的科学运用可以优化传统企业的招聘模式，有效地减少企业以及求职人员的时间成本，而且在员工顺利入职后，还可以减少培训的费用，例如无须购买培训教材，直接把录制完毕的视频上传到云空间，通过分享的方式就可以了解相关的培训内容、学习相关的培训知识，有效地节约成本，而且十分环保。

2. 有利于各部门间的良好沟通与合作

通过对于信息技术的科学应用可以有效地简化人事操作流程，例如，在人事安排工作中能够利用通信工具或是邮件高效地完成任务；如果员工想要请假，直接将邮件发放给 HR 就行；在开会的时候，如果相关人员无法到场，那么就可以通过视频会议的方式进行解决；而且可以通过系统来结算工资、记录工作人员的出差与出勤情况等。通过对于信息技术的应用能够更加高速、有效地完成人事化的操作流程。

除此以外，科学有效的沟通还有助于各个部门之间、各工作人员相互之间合作。例如，针对有着十几万员工的跨国公司而言，假如没有利用信息化技术与手段，是无法实现各个部门、各个员工之间良好沟通与协作的。所以，在企业人力资源管理工作中充分发挥信息化手段的作用十分关键，必须要加强对于该项工作的信息化建设。

3. 有助于领导者制定科学的决策

为了推动企业的长远发展，企业的领导者就要制定科学合理的战略决策，制定科学的发展规划，进而推动企业战略目标的实现。企业的决策层要结合企业的发展现状，在大量的信息库中选择符合企业发展情况的战略目标，并且要充分发挥信息资源的作用，进而为企业的发展奠定坚实的基础。在 21 世纪，企业之间的竞争即为人才的竞争，只有在企业拥有大量的优秀人才，而且可以实现对人力资源科学优化配置的基础上，才可以更好地推动企业的长远、稳定、健康发展。除此以外，在制定发展战略的时候，企业要充分发挥人力资源信息库的作用，基于此才可以更好地发挥人才的作用，更好地提升企业的核心竞争力，更好地促进企业发展目标的实现。所以，企业要加强人力资源管理信息化建设，基于此有效地推动企业的良性发展。

二、信息化管理模式在人力资源管理中的应用

（一）人力资源规划信息化

在制定发展战略规划时，企业要充分发挥信息化手段的作用，利用其具有的强人预测功能对人员的实际状况进行调查分析，并且结合企业的发展状况，选择科学的人力资源成本计算方法。要充分发挥预算的作用，基于不同的层面与角度科学地分析以及核算成本，而且再结合未来的发展趋势合理地优化配置人力资源，在此基础上帮助企业制定人力资源规划。此外，要利用信息技术与信息手段严格地监督与控制规划的执行状况，一旦在工作中发生异常，那么就要提前预警，并且采取针对性的应对措施。

（二）工作分析信息化

通过对于信息化手段的利用能够更加科学地描述岗位与工作，从而达到规范化与科学化的目的，可以进一步地明确工作的范围与职责，对相关的信息资料制定板块，其中涉及工作设备流程、涉及环境情况等，结合企业的发展状况、结合其发展的规律战略地制定完善的组织结构图，从而对组织结构进行完善。而且能够实现对于大量岗位的调查分析，充分发挥定量岗位评价工具的作用，全面、深入地分析岗位的差别，分析级别的分布状况，而且借助于信息化系统具有的图文统计分析功能全面地定量评价岗位，科学信息化地处理数据，并且结合结果总结结论，在此基础上制定科学的方案。

（三）招聘管理信息化

在企业的人力资源招聘管理工作中，企业要结合自身的实际状况制定科学的招聘计划，而且要结合计划需求与费用预算等，采用科学、有效的招聘方式。企业要充分发挥强大数据交换接口的作用深入、系统地分析招聘信息，而且在该系统中导入人才信息，在此基础上构建完善的人员档案库。企业要充分发挥信息技术的作用，借助于网络汇总以及测评工具制定线上测试试卷，结合星级化的招聘模式建立人员素质报告。利用信息技术

对面试的时间与流程进行自动化调整，批量地发送大量的招聘简历，并且针对招聘结果批量地打印通知单，针对人员建立人才库以及人员信息工作库，在此基础上更好地节约招聘的时间，全面地提高招聘效率，帮助企业聘用优秀的人才。

（四）培训开发管理信息化

在企业的生产运营中，为了可以推动企业的良好发展，企业就要加强对于员工的定期培训，而且也要做好对新员工的上岗培训，进而可以充分满足培训的需求。在培训过程中，企业要制定科学、健全的培训规划以及培训实施计划，要充分发挥信息技术的作用组织开展信息化的培训管理操作，要设置科学的培训课程，而且严格地预算培训费用，使其控制在合理的范围内。并且要结合培训结果建立报表，实现对培训内容与效果的智能化、动态化与跟踪化管理，结合企业的实际状况制定健全的培训计划。通过信息化手段全面地提升培训效率，优化培训效果，进而更好地满足企业对人才的需求，全面地提升企业员工的专业素养。

（五）考勤休假管理信息化

在企业的运行过程中，人力资源部门要充分做好对于员工工作情况的严格考勤，如果员工有事要进行休假，那么也要做好记录工作。通过对信息技术的应用，加强对于该项工作的信息化管理，能够对员工的上下班时间进行自定义，制定科学健全的考勤规则，结合休假制度实现对考勤数据的科学运用，加强信息化、智能化的管理。在不同的时间范围内科学地设置时间段，其中包括休息日以及加班倒班时间等。不仅如此，企业还要结合不同员工担负的不同职责设置出不同的考勤规则。而且要建立信息化的绩效考核系统以及薪资系统，结合员工的休假与出勤情况对其工资进行科学的计算，以此来更好地提升考勤管理的整体水平。

三、企业人力资源管理信息化建设现状分析

（一）重视程度不足

目前，针对大部分的企业而言，其更多的是重视生产技术，然而却忽视了人力资源管理工作。尽管通过信息化的手段能够在后期使得企业更加高效地完成管理工作，有效地节约成本。然而，在前期却需要投入大量的资金。所以，一些企业会觉得开展人力资源管理工作会浪费成本。特别是

对于小规模的企业而言，其更是不想、不敢开展信息化建设工作，由于缺乏对于该项工作的充分重视，于是也就会造成许多企业在信息化建设工作中没有投入充足的资金以及技术，所以就会造成企业不能够吸引优秀的人才，并且还极易引发内部管理混乱情况的发生。例如，尽管有的企业已经拥有非常科学、先进的设备以及技术，人才力量也较为雄厚，然而其却没有充分重视人力资源管理工作，尚未实现对该项工作的信息化建设，导致工作管理效率比较低。这样一来也就会影响到这些优质人才与技术作用的发挥，影响到企业的长足发展。

（二）缺乏优秀的专业人才

与国外相比，我国的人力资源管理起步相对较晚，许多企业对于该项工作的内涵并不了解，仅是把原来的人事部门进行转变，使其成为人力资源管理部门。也就是说，对于该项工作的研究与开发尚且不够成熟。此外，由于企业管理人员在思想理念上存在偏差，而且我国在人力资源学科方面还存在不足之处，所以还没有培养出大量的人力资源人才，该方面的人才非常匮乏。许多非专业的人员负责完成人力资源管理工作，然而其对于该项工作的内涵与系统流程等并没有给予充分、全面的了解，更没有认识到加强对该项工作信息化的重要性。由于专业人才的缺乏，所以就会影响到信息化建设工作的顺利开展。

（三）缺乏健全的基础设施

为了可以实现人力资源管理的信息化建设，那么必须要有着完善的基础设施。然而，经过相关调查研究后发现，目前一些企业在信息化基础建设方面还存在许多不足之处，这主要表现在以下方面：

首先，缺乏完善的信息化设备与设施。为了可以充分做好信息化建设工作，就必须要有着完备的硬件系统。然而，目前很多企业在此方面还存在不完善、不充足的情况，比如缺乏充足、先进的电子设备、网络系统和服务器等，于是会影响到信息化建设工作的顺利开展。

其次，因为企业人力资源管理工作十分特殊，一些企业会违反相关的规定调用建设资金，这样一来也就会导致该项管理工作的信息化建设缺乏充足的资金，会导致资金不到位，影响到建设工作的顺利开展。而且软件建设工作不到位，还缺乏健全的云技术与管理软件等，从而导致该项建设工作无法得到全面贯彻与落实。

四、加强企业人力资源管理信息化创新建设的策略

（一）增强信息化管理意识

为了可以有效地加强人力资源管理的信息化建设，实现对其的创新与改革，那么首先就要加强人员的重视程度。目前在该方面还处于起步阶段，在实际应用中还会存在很多问题，目前的从业人员专业素养还无法充分满足实际需求。因此，必须要提高重视程度，并且要加大投入，以此来更好地完成人力资源管理的信息化建设工作，使得该项工作得以顺利开展，这样就可以更好地解决问题、更好地弥补不足。企业的领导必须要充分认识到加强信息化建设的重要意义，要树立科学、先进的管理理念，投入更多的人力资源、物力资源以及金钱，使得该项建设工作可以提升到企业发展的战略高度。而且要加强与员工的沟通与交流，使得员工可以从思想上对此给予充分重视、给予全面了解，共同参与到设计与实施过程中，使得每位员工都可以树立较强的创新意识和参与热情。

（二）加强基础设施建设

为了可以充分地做好人力资源管理的信息化建设，首先，企业必须要积极地建设基础设施。企业要加大在技术以及资金方面的投入，使得该项管理工作实现办公的自动化与智能化，实现办公业务处理与管理的信息化与自动化，从而更加高效地完成任务。其次，企业要做好基础设施建设。要做好硬件设备建设，例如打印机、计算机等。另外，也要做好软件的设备建设，例如构建科学、健全的管理信息系统以及数据处理系统等，只有配备了完善的基础设施才可以更好地实现人力资源管理的信息化与智能化。此外，企业要积极地建立完善的资源共享平台，要构建科学、健全的网络，要针对人力资源部门构建健全的内部局域网，并且使得企业的各部门进行良好地连接，实现对于信息资料的共享。企业要构建健全的企业人力资源网站，使得相关的工作信息资料得到公开，实现对于信息资源的共享，使得各个部门能够更加井然有序、更加高效地完成各项工作。

（三）加强从业人员队伍建设

伴随时代的发展，企业也取得很大的进步，而且人们也进入到信息化时代。信息技术在不断更新与完善，这也会使得人力资源管理工作的内容变得更加多元化，加大了该项工作的难度。所以，每位从业人员都要积极、持续

地学习新知识与新技术，掌握科学、先进的管理手段与管理技术，不断地提升个人的专业素养，在此基础上才可以更好地满足工作的需求，更好地顺应时代的发展，全面地提升人力资源的信息化管理水平。首先，企业必须要加强对于该部分人员的教育培训，使其能够学习相关的理论知识以及技术技能，全面地提升其信息素养，使其可以更好地对信息进行收集、整理与管理等。并且要通过培训的方式使其可以熟练地操作各种先进的设备，更加高效地完成本职工作。其次，企业还要根据该项工作的特殊性，充分做好信息保密工作，采取科学、有效的防泄漏方法，并且要培养从业人员的数据信息保密意识，增强其保密能力，使其可以树立较强的职业道德素养，培养其对突发事件进行应对的能力，使其可以更加科学地做好信息决策工作，提升其对信息的管理能力，以此为信息化建设工作奠定坚实的基础。

（四）优化基础管理工作

为了可以加强企业的人力资源管理信息化建设，企业必须要充分做好基础管理工作。例如，要加强对于企业的内部控制、加强对企业员工行为的规范化管理、加强对企业员工薪酬与考勤等数据的管理等，在此基础上，使得基础管理工作更加规范化、更加科学化、更加高效化，从而更好地促进企业管理工作的高效开展，提升企业的管理水平，更好地发挥信息化手段的作用。企业要加强业务流程的规范化管理，使得人力资源部门的内部业务更加井然有序、更加规范化、更加程序化。企业要严格地根据相关的程序完成员工招聘工作，其中涉及发布招聘广告、开展笔试面试、成功聘请员工、开展培训工作、培训合格后正式上岗等，要使得每个环节、每项操作都可以得到规范化、程序化地完成。不仅如此，在信息化建设过程中，企业要结合自身的发展状况科学地规划设计各个环节，例如要重新划分部门的职能、要科学地调整员工的职位以及职责等。

总之，人才是社会发展的动力，是企业发展的关键。所以，企业必须要充分重视人力资源管理，而且要充分发挥信息技术的作用，加强对于该项工作的信息化建设。要制定完善的信息化系统，结合企业的发展状况制定健全的战略资源规划，并且要制定科学的激励机制以及分配机制等，从而更好地增强员工对于企业的满意程度，增强其凝聚力与竞争力。企业要利用信息化系统更加高效地完成人力资源管理工作，提升管理水平，从而更好地吸引人才，留住人才，充分发挥人才的作用，推动企业的可持续发展。

第四章　企业物流与供应链管理信息化发展

第一节　企业物流与供应链关系分析

一、物流的内涵及功能

（一）物流的内涵

物流是伴随着社会分工和市场经济的发展而逐渐形成的一个概念。物流不是一个单纯的伴随物资流动而发生的各种活动的总称，而是在对这些活动的相互关系做出调整，并作为一个有机整体和一个系统来进行管理的必要性得到充分认识的基础上产生的概念。在 2001 年颁布的《物流术语》国家标准中，物流的定义是：物品从供应地向接收地的实体流动过程，根据实际需要，将运输、储存、装卸、搬运、包装、流通加工、配送、信息处理等基本功能实施的有机结合。

物流最原始、最根本的含义是物的实体运动。从这一方面来讲，物流的历史存在和人类历史一样久远。古代发展最好的一种物流活动，就是仓储活动。另外，运输活动也发展较好。而现在，我们对物流考察的重点已从实体运动本身转向了在此基础上建立的物流科学、物流技术、物流系统和物流管理等诸多内容。

物流是物质资料从供给者到需求者的物理性运动，主要是创造时间价值和场所价值，有时也创造一定加工价值的活动。物流并不是"物"和"流"的一个简单组合，不是指实物基本运动规律，也不是从哲学意义研究运动的永久性。牛顿运动三大定律是从自然观点出发，简单将物看成自然的物而将运动看成力学体系的运动，这种运动是物流科学体系中机械装备运动操作的基本原理，但都不是"物流"。"物"和"流"的组合，是一种建立在自然运动的基础上、高级的运动形式。

（二）物流的功能

物流通常具有以下几项功能。

1. 包装功能

包装功能包括产品的出厂包装、生产过程中在制品、半成品的包装以及在物流过程中换装、分装、再包装等活动，同时还应包括达到上述目的而进行的操作活动。我国的《包装通用术语》国家标准（GB 4122-83）中给包装以明确的定义："包装是指在流通过程中保护产品、方便储运、促进销售、按一定技术方法而用的容器、材料及辅助物等的总体名称。"

作为物流过程的一个重要环节，包装分为工业包装和商业包装，工业包装是纯粹的物流过程，包装是物流过程的起点和生产过程的终点。包装的方法是由物流的方式决定的，这既决定于货主对物流的要求，也决定于商品本身的物理特性和化学特性。包装不仅从运输角度来满足保护物品、单元化和彼此区别等功能要求，而且也需要反映物流过程中必须通过包装反映的物流信息，所以包装的设计十分重要，必须根据物流方式的不同要求进行具体的包装设计。

2. 储存功能

储存的目的是为了克服生产与消费在时间上的差异，以衔接产品的需求，缓冲供求。储存是物流的主要功能之一，是物资流转十分的重要环节，是社会化大生产的必要条件，包括保养、维护、堆、保管等活动。科学合理的储存既能保证生产顺利进行，又能加速物资周转；但是不适当的，特别是过多的储存将积压流动资金而造成浪费；而储存量太少的话，又会出现停工待料，不能保证生产、销售连续进行。

在宏观上应做到合理储存，即储存时间合理，储存分布合理、储存量合理，储存结构合理。而对储存的具体要求是：库存多（充分利用仓容），保管好，进出快，损耗少，费用省，保安全。而对于不同的物资，储存的要求具有不同的侧重面。比如说粮食这一特殊的物资，既要储存数量，又要保证储存质量，不造成浪费。

3. 运输功能

空间距离是经济发展的阻力，运输却是克服这种经济阻力，使商品产生价值增量的过程，是物流的核心。运输包括消费地向消费者配送时的运输，也包括从生产地到消费地的运输，主要是指借助交通工具，在一定时间内实现物资的空间位移，包括供应及销售物流中的车、船、飞机等方式的运输，生产物流中的管道、传送带等方式的运输。运输是物流一个不可缺少的基本功能。运输过程是生产过程的前导与后续，是沟通产销部门的重要桥梁。

物流中的合理运输，就是要遵循商品流通规律、交通运输条件、货物的合理流向及市场供需情况，以最短的距离、最省的费用、最快的时间、最少的环节完成货物的运输任务。其中运输时间、运输费用、运输距离、运输环节、运输工具等都是影响运输的重要因素。注意的是这些因素有时是互相联系和互相影响的，这就要求在实际中根据具体情况综合分析，全面比较的寻求最佳运输方案。

经济性和安全性是运输中非常重要的质量指标。一般来说，在市场经济条件下，运输市场是一种买方市场，价格成为运输供给者竞争的核心，这也是货主追求低成本的期望所决定的。但是，经济性并不能影响安全性的重要地位，尽管不同的货物对于安全性的要求有所不同，但是安全性依然是运输质量的最重要的因素。集装箱运输的出现就是经济性与安全性的综合体现，集装箱运输在管理上的简化和技术上的进步，更是使两者进一步统一起来。

4. 配送功能

配送是指根据客户的要求，在物流配送中心进行分配货物，并将所配的货物交付收货人。配送是宏观物流产生社会经济效益的根本，通过配送中心进行统筹安排，计划配送，能够使重复运输、空载运输、迂回运输等不合理运输现象降至最低，又同时还能减少不必要的中间环节，加速物资周转。配送中心储存量大，提高了物资供应的可靠度，也就改善了生产企业的外部环境，使企业具备安全感，不再为原料、元件的供应问题而发愁，可全身心地投入生产，从而保证了产品的质量和数量。

5. 流通加工

流通加工又称流通过程的辅助加工活动，是物资从生产领域向消费领域流通的过程中，为了弥补生产不足或为了满足客户的需求、增加流通部门效益、提高物流效率、促进销售、而进行的一些辅助性加工活动。这种加工活动不仅存在于社会流通过程，也存在于企业内部的流通过程中。

流通加工的经济效益具有广阔的前景。比如，将原木或大规格锯材直接供给使用部门，其平均利用率不到50%；而在流通部门中实行集中下料，根据用户的不同要求供应不同规格成材，使原木的利用率提高到97%以上。目前，世界上许多发达国家和地区在物流过程中都伴有流通加工业务。日本的东京、大阪、名古屋等地区90多家物流公司中有一半以上具有流通加工业务，其规模相当大并取得了很好的经济效益。服装业就是流通加工最好的例子，企业生产的布匹在消费者手中，其布料的平均利用率大约 80% 左右；而服装企业批量生产，特别是套裁、拼裁的运用使布料的利用率达 95% 以上。

6. 装卸搬运功能

装卸搬运功能包括对包装、流通加工、输送、保管等物流活动进行衔接活动，以及在保管等活动中为进行检验、保养、维护所进行的装卸活动。装卸搬运是物流过程中的"节"，它对运输、储存、配送、包装、流通加工等活动进行联结的中间环节。若没有装卸搬运，物流过程就会中断，无论是微观物流还是宏观物流还都将不复存在。装卸搬运在物流过程中频频发生，占有相当大的比重，又是一项十分艰苦而又繁重的工作。为了提高装卸作业效率，降低劳动强度，发展装卸搬运机械化、自动化、连续化势在必行。

装卸搬运在整个宏观物流中虽然只是"节"，然而从局部、微观的角度来研究它时，它本身却又是一个令人不可忽视的系统。通过装卸搬运机械化的实施，即可降低装卸搬运成本，节约费用，又可降低工人作业强度，保证装卸搬运质量。科学、合理地组织装卸搬运系统，可以减少作业环节与装机容量，优化工艺线路，以达到与先进的技术装备配套。

7. 信息处理

物流信息是指在物流活动过程中，反映物流活动的实际和特征的各种数据、文件、图纸、知识、资料、消息、情报等的总称。物流过程是一个多环节的复杂组合，把众多的环节及其功能整合成一个有机的系统并形成一个单一的功能整体，以追求整体功能的最优化，信息是其中的关键。在物流、商流的过程中，伴随着大量的信息流，收集、检索和处理信息是十分重要的。信息传递的快慢及准确与否直接影响物流系统效益的发挥。用计算机处理和加工物流信息，从而得出指导物流活动的可靠情报，对物流的组织具有极为重要的作用。

对于一个环节复杂、范围广泛的系统，要满足顾客随时提出的任何物流的需要，必须建立一个庞大的而又十分灵活的信息管理系统。虽然，现代信息技术已经提供了比较完整的技术支持，但对于所有的物流服务提供商来说，这还是一个艰巨的课题和努力的方向。

上述功能要素中，运输及储存分别解决了供给者及需要者之间场所和时间的分离，是物流创造"场所效用"及"时间效用"的主要功能要素，因而在物流系统中处于主要功能要素的地位。

二、供应链的内涵及模型

（一）供应链的内涵

目前供应链尚未形成统一的定义，很多学者从不同的角度给出了许多不同的定义。

最早期的观点认为供应链是制造企业中的一个内部过程，它主要是指把从企业外部采购的零部件和原材料，通过生产转换和销售等活动，之后再传递到零售商和用户的一个过程。传统的供应链概念仅局限于企业的内部操作层上，只注重企业自身的资源利用。而有些学者把供应链的概念与采购、供应管理相关联，用来表示与供应商之间的关系，这种观点获得了研究合作关系、精细供应、供应商行为评估和用户满意度等问题的学者的重视。但这样一种关系也只是仅仅局限在企业与供应商之间，而且供应链中的各企业独立运作，忽略了与外部供应链成员企业的联系，这样往往造成企业间的目标冲突。

之后供应链的概念注意了与其他企业的联系，注意了供应链的外部环境，认为它应是一个"通过链中不同企业的分销、零售、制造、组装等过程将原材料转换成产品，再到最终用户的转换过程"，这是更大范围、较为系统的概念。比如，美国的史迪文斯认为："通过增值过程和分销渠道控制从供应商的供应商到用户的用户的流就是供应链，它开始于供应的源点，结束于消费的终点。"这些定义都不仅注意了供应链的完整性，而且考虑了供应链中所有成员操作的一致性（链中成员的关系）。

然而到了最近，供应链的概念更加注重围绕核心企业的网链关系，如与用户、用户的用户及一切后向的关系，核心企业与供应商、供应商的供应商乃至与一切前向的关系。哈理森将供应链定义为："供应链是执行采购原材料、将它们转换为中间产品和成品、并且将成品销售到用户的功能网链"。这些概念强调供应链的战略伙伴关系问题。菲利浦和温德尔认为供应链中战略伙伴关系是十分重要的，通过建立战略伙伴关系，可以与重要的用户和供应商更有效地开展工作。

综上所述，供应链是指产品生产和流通过程中所涉及的原材料供应商、批发商、生产商、零售商以及最终消费者组成的供需网络，即由物料获取、物料加工、并且将成品送到用户手中这一过程所涉及的企业和企业部门组成的一个网络。供应链一般分为内部供应链和外部供应链。形象一点，我们可以把供应链描绘成一棵枝叶茂盛的大树：独家代理商则是主干；分销商是树枝和树梢；生产企业构成树根；满树的绿叶红花是最终用户；在根与主干、枝与干的一个个结点，蕴藏着一次次的流通，整体相通的脉络便是供应链信息管理系统平台。

供应链是社会化大生产的产物，是重要的市场营销方式和流通组织形式。它以市场组织化程度高和规模化经营的优势，有机地连接生产和消费，对生产和流通有着直接的导向作用。电子商务将供应链的各个参与方连结为一个整体，实现了供应链的电子化管理，这也正是我们要讨论供应链及其管理的必要所在。

（二）供应链的基本模型

供应链一般是由所有加盟的节点企业组成。其中一般有一个核心节点企业（可以是大型零售企业，也可以是产品制造企业），节点企业在需求信息的驱动下，通过供应链的职能分工与合作（分销、生产、零售等），以资金流、物流和信息流为媒介实现整个供应链的不断增值。所以供应链的基本模型如图 4-1 所示。

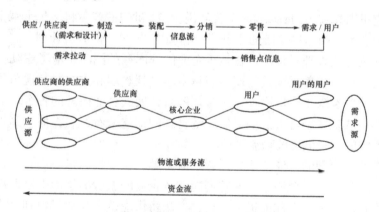

图 4-1 供应链的网络结构模型

（三）供应链的构成要素

一般来说，构成供应链的基本要素包括（如图 4-2 所示）：

（1）供应商：指给生产厂家提供原材料或零件的企业。

（2）厂家：负责产品生产、开发和售后服务等，是产品生产的最重要环节。

（3）物流及批发：为了实现将产品送到经营地理范围每一个角落而设的产品流通代理企业。

（4）零售行业：是将产品销售给消费者的企业。其中物流及批发和零售行业统称为流通业。

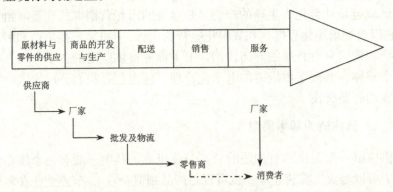

图 4-2 供应链的构成要素

三、物流与供应链的关系

克里斯托弗（Christopher）曾经说："21 世纪的竞争将不是个别企业和产品的竞争，而是供应链的竞争。"人们最初提出"供应链管理"一词，是用来强调物流管理过程中，在减少企业内部库存的同时也应考虑减少企业之间的库存。随着供应链管理思想越来越受到欢迎和重视，其视角早已拓宽，不仅仅着眼于降低库存，其管理触角伸展到企业内外的各个环节、各个角落。从某些场合下人们对供应链管理的描述来看，它类似于穿越不同组织界限的、一体化的物流管理。

供应链管理的一体化十分强调物流管理的重要性。供应链管理提供给供应链成员企业一个机会，使它们能够从企业间整合的层面上来取得最优的物流管理业绩。在此前提下，这种方法将供应链上从原材料到最终消费者的所有物流进行整体的管理。这就意味着对现有的各企业相互独立、合作有限的物流管理进行根本性的变革。

实质上，供应链管理战略的成功实施必然以成功的企业内物流管理为基础。能够真正认识并率先提出供应链管理概念的也是一些具有丰富物流管理经验和先进物流管理水平的世界级顶尖企业，这些企业在研究企业发展战略的过程中发现，面临日益激化的市场竞争，仅靠一个企业和一种产品的力量，已不足以占据优势，企业必须与它的原料供应商、产品分销商、第三方物流服务者等结成持久、紧密的联盟，共同建设高效率低成本的供应链，才可以从容应对市场竞争，取得较大的市场份额。

供应链范围的物流管理战略将成为供应链成员企业建立特定物流管理战略的首要考虑因素。分销网络、运输模式、运输工具管理、库存管理、仓储、订货流程以及其他所有相关活动都要被考虑进来。物流管理的范围现在已经扩大到了整个供应链（而不只是供应链上的每个单位成员）。物流过程受先进的管理模式的影响，供应链管理是当代物流管理的大背景。

物流是供应链的基础。供应链及供应链管理最早是从物流系统开始的，主要是进行供应链的局部性研究。

供应链与物流系统有着十分密切的关系。物流系统有狭义和广义两个方面的含义。狭义的物流系统是指物资的采购、配送、储备、运输等活动，是企业之间的一种物资流通活动。广义的物流系统包括了整个生产过程中的物料转化过程，即供应链管理。供应链系统是物流系统的扩展和延伸。供应链与物流系统的密切联系有以下几点。

（一）物流在供应链管理中起重要作用

在供应链管理中，物流的作用举足轻重，即便是制造活动，物流也不仅仅是生产的辅助部门而只起支持作用。现代企业环境的变化要求企业能尽快适应市场需要，物流系统具有和制造系统协调运作的能力，可以提高供应链的敏捷性和快速反应能力，增强其对于环境的适应性。例如，物流系统可以做到：准时交货，降低用户成本；降低流通费用，减少供应链消耗；快速反应与传递市场信息，创造顾客价值，提高供应链的竞争力；供需协调，实现供应链的快速连接。以往商品经由制造、仓储、批发、零售各环节间的多层复杂途径，最终达到消费者手里。现代物流业已简化为经配送中心的直接分配而送至各零售点，大大提高了社会的整体生产力和经济效益。

（二）物流贯穿于整个供应链

供应链实质包括了供与需两方面，也可以理解为供需链。物流连接着供应链的各个企业，是企业间合作的纽带，它从供方开始，沿着各个环节逐步地向需方移动。每一环节都存在"供方"与"需方"的相互对应关系，称为供应链。供应链就是一条从供应商的供应商到用户的用户的物流链。

（三）物流是供应链管理的重要组成部分

物流管理不能等同于供应链管理，供应链管理中还包括制造活动等，但物流解决整个管理过程中物的流动问题，是供应链管理的重要方面。供应链管理涉及从原材料到产品交付的整个物流过程，需要靠物流来实现交换和流通。物流是供应链实现价值的基础，因此，供应链管理中有相当大的部分涉及物流管理，强调物流活动的效率和适应性。

供应链系统物流适应了企业经营理念的全面更新，使其经营效益跨上一个新的台阶。供应链条件下物流系统的充分发展，能不断的创造和提供从原料到最终消费者之间的增值服务。

（四）供应链是物流发展到集约化阶段的产物

现代供应链管理就是通过整合供应者到消费者的供应链运作，使物流达到最优化。企业要追求全面系统的综合效果，而不是孤立、单一的片面观点。企业通过与供应链中的上、下游企业而进行整合，从而形成了先进的物流系统。作为一种战略概念，供应链也是一种产品，而且是可增值的产品。其目的不仅仅是降低成本，更重要的是提供给用户期望以外的增值服务，来产生和保持竞争优势。从这种意义上讲，供应链是物流系统的充分延伸，是产品与信息从原料到最终消费之间的增值服务。各种物料从采购到制造到分销，是一个不断地增加其市场价值或附加值的过程，各个环节的价值增值也是不相同，一个环节的重要性主要取决于它能带来多大的增值价值。

第二节　企业物流管理研究

一、企业采购管理

采购是指通过商品交换和物流手段从资源市场获得资源的过程。采购的基本功能就是帮助人们从资源市场获取他们所需要的各种资源。这些资源既包括生活资料，也包括生产资料；既包括物资资源（如原材料、设备、工具等），也包括非物资资源（如信息、软件、技术、文化用品等）。能够提供这些资源的供应商就形成了一个资源市场。

（一）采购管理的内涵及内容

采购管理是计划下达、采购单生成、采购单执行、到货接收、检验入库、采购发票的收集到采购结算的采购活动的全过程。对采购过程中物流运动的各个环节状态进行严密的跟踪、监督，实现对企业采购活动执行过程的科学管理。一个完整的采购管理过程基本上包含了8大块内容。

1. 采购管理组织

采购管理组织是为了实现既定的采购任务而组建起来的人员、岗位、职务、责任体系的管理执行机构。完成既定的采购任务需要多少人，都是哪些岗位，什么职务，承担什么责任，形成了一个既互相独立又互相联系、互相制约的有机整体。其中，有执行者又有管理者；有分工又有合作；有独立承担工作、充分发挥自己能力的余地，又有相互制约、相互规范的管理机制。采购管理组织决定以后，就要选人、用人。为采购组织各个岗位配备合适的人员是做好采购工作的关键。其中，有执行人员，特别是采购员，也有管理人员。要充分发挥他们各自的主观能动性和工作积极性，但是也要注意约束、管理和控制。

2. 需求分析

需求分析就是要弄清楚企业需要采购哪些品种、需要量多少等问题。企业的物资采购供应需把握全企业的物资需求情况，制订物料需求计划，为制订订货计划做准备。

3. 资源市场分析

资源市场分析就是根据企业所需求的物资品种，分析资源市场的情况，包括资源分布情况、供应商情况、品种质量、价格情况、交通运输情况等。资源市场分析的重点是供应商分析和品种分析。分析的目的是为制订订货计划做准备。

4. 制订采购订货计划

完整的采购管理需要根据需求品种情况和供应商的情况，制订出切实可行的采购订货计划，包括选定供应商、供应品种、具体的订货策略、运输进货策略以及实施进度计划等，具体解决什么时候订货、订购什么、订多少、向谁订、怎样订、怎样进货、怎样支付等一些具体的计划问题。

5. 采购计划实施

采购计划实施就是把上面制订的采购订货计划分配落实到人，根据既定的进度实施。具体包括联系指定的供应商、进行贸易谈判、签订订货合同、货物运输、到货验收入库、支付货款以及善后处理等。通过这些具体活动，圆满地完成一次完整的采购活动。

6. 采购评估

采购评估就是在一次采购完成以后对这次采购的评价，或月末、季末、年末对一定时期内的采购活动的总结评估。采购评估主要在于评估采购活动的效果、总结经验教训、找出问题、提出改进方法等。通过总结评估，可以肯定成绩、发现问题、制定措施、改进工作，不断提高采购管理水平。

7. 采购监控

采购监控是指对采购活动进行的监控活动，包括对有关采购人员、采购资金和采购事务活动的监控。

8. 采购基础工作

采购基础工作是指为建立科学、有效的采购系统而需要开展的一些基础性工作，包括管理基础工作、软件基础工作和硬件基础工作。

（二）企业采购流程

企业采购流程通常是指有制造需求的厂家购买生产所需的各种原材料、零部件等物料的全过程。在这个过程中，作为购买方，首先，要寻找相应的供应商，调查其产品数量、质量、价格、信誉等方面是否满足购买要求。其次，在选定了供应商后，要以订单方式传递详细的购买计划和需求信息给供应商，并商定付款方式，以便供应商能够准确地按照客户的性能指标进行生产和供货。最后，要定期对采购物料的管理工作进行评价，寻求提高采购流程效率的创新模式。

1. 采购需求确定

物资需求信息是采购需求确定的依据，采购部门获得有效信息的途径很多，包括企业的销售计划、生产计划、物料清单和库存清单等书面文件。对这些信息化改造良好的企业而言，可以通过企业内部局域网将标准化、格式化的物资需求信息传递给企业的采购部门。采购需求确定主要对以下几项内容进行规划。

（1）确定企业生产、经营活动需要物资的品种。生产物料，如构成产成品的主要原材料、零部件、燃料、催化剂等生产辅助材料；生产设备；办公物资，如电话、传真机、打印机、计算机、纸张等。

（2）确定采购物资的数量。结合企业的年度销售计划、生产计划和物料库存清单，可以计算出企业生产物资的需求量，但是这个需求量并不是企业最终的物料采购数量。实际上，企业为了减少经营风险都会保有部分库存，除完全实行"零库存"的企业外，企业采购物料的数量应该等于物料需求量与物料库存量的差。同时计划是静态的，不能随时更改的，而企业生产经营活动却处于时时变动的环境中，因此企业在确定采购数量的同时还应考虑物料需求量的浮动情况，尽量减少因物料供给变动而产生的经营风险。

（3）确定企业采购的方法。企业物资的采购通常可以采取两种方法——定量采购法和定期采购法。定量采购法是企业在物资存量低于事先确定的安全库存量的时候采购一次，采购活动的时间间隔不等。而定期采购法是指企业每隔一段固定的时间采购一次，每次采购的数量不固定；前者更适用于那些需求量大、需求波动大的物资，物资的暂时性变化难以预测。后者更适用于那些需求稳定的物资，企业可以对物资需求量进行准确的预测，不易造成存货过多和资金的积压；企业可以根据采购物资的需求变动特点对不同物资采用不同的采购方法。

2. 认证供应商

（1）供应商选择。供应商的选择是采购职能中的比较重要一环，它涉及了高质量供应来源的确定。企业可以根据需求的描述，在原有供应商中选择业绩比较好的厂商，通知相应的报价，或者以公示公告等方式公开进行征求，来制定和某个供应商进行大量的业务来往所需要的一系列合理标准。采购方对供应商是否能满足自己的质量、数量、交费、价格、服务目标等的观历史记录、设备与技术力量、系统、程序柔性、通信、财务状况、组织与管理、声誉、劳资关系、位置等。

（2）确定价格。确定价格过程就是谈判过程，这一过程相当困难。因为价格是最敏感或最棘手的问题，买卖双方都设法提高或降低价格来维护自身利益。值得提出的是，虽然价格是市场供需的一对矛盾，但是双方中的任何一方都不能随意要价，否则会导致商品交易失败。另外，价格并不是采购业务过程中唯一决定性因素，价格与物料质量、数量、交货时间、包装、运输方式、售后服务等内容有多种相互制约的关系，同样要求买卖双方必须综合权衡利弊，定出令双方满意的价格，促其成交。

3．发出采购订单

（1）订单安排。价格确定后，应该办理订货签约手续。订单和合约，都属于具有法律效力的书面文件，对买卖双方的要求、所拥有的义务和权力必须给予具体说明。任何实用的采购订单所必备的要素包括：序列编号、发单日期、接受订单的供应商的名称和地址、发货日期、运输要求、价格、所需物品的数量和描述、支付条款以及对订单有约束的各种条件。订单只有得到供应商接受后才能形成一项合同。

（2）订单的追踪与催货。签约订单后，为了保证供应商按期、按质、按量交货，企业可以根据合约规定，督促厂商按照规定交运，并予以严格检验后入库，在一些企业中，专门设有全职的跟踪催货人员。跟踪是对订单所做的例行跟踪，以保证供应商能够履行其货物准时发运的承诺。如果出现问题，如质量方面的问题，采购方就可以尽早进行了解，以便采取相应的措施。跟踪通常需要常常询问供应商的进度，有时候甚至有必要到供应商那里走访一下。不过，这一措施一般仅用于关键的、大额的或提前期较长的采购事项。为了及时获取信息或了解情况，跟踪一般是通过电话进行的。不过，一些企业也会使用一些简单的表格，以查询有关发运日期和某一些生产计划完成的进度。催货是对供应商施加压力，使其履行最初所做出的发运承诺，提前发运货物或者是加快已延误订单涉及的发运。如果一旦供应商不能履行合约，采购方可以威胁取消订单或是以后可能的交易。催货一般只适用于采购订单的一小部分，因为对于供应商的供货能力，采购方之前已做过全面的分析，能够被选中的供应商一般是能够遵守合约的，再说，一家企业对其物料需求已经做出了充分的计划工作，如果不是特殊情况，它就不必要求供应商提前货物的发运日期。当然，在货物匮乏的时候，催货确实具有十分重要意义。

4．物料入库检验

货物的正确接受具有重要意义，大部分比较有经验的企业采用将所有货物的接受活动集中在一个部门的方法。由于采购部门和收货部门关系十分密切，所以，许多公司的收货部门直接或间接地由采购部门负责。

货物接受的基本目的是保证以前发出的订单所采购的货物已经实际到达并且检查完好无损，数量符合。这样才能够将货物送往应该到达的下一个目的地进行使用、储存或者检验。接受部门要将与接受手续有关的所有文件进行登记并送交有关人员。

5. 结清发票、支付贷款与结案

供应商交货验收合格之后，随即开具发票，要求企业付清货款。支付货款前必须核对支付发票与验收的物料清单或单据是否一致，确认后连同验收单据，开出保票向财务部门申请付款，财务部门经会计账务处理后通知银行正式付款。至此，采购方与供应商之间的业务事宜结束。

6. 记录并维护档案

经过以上所有步骤后，对于一次完整的采购活动来说，剩下的就是更新采购部门的记录。凡经结案批示后的采购案件，均应列入档案、登记编号分类，予以保管，以备参阅或事后发生问题时查考。档案应具有一定保管期限的规定。

要保存的记录有以下几种：

（1）商品文件。记录所有的主要商品或主要项目的采购情况（日期、供应商、数量、价格和采购订单编号）。

（2）供应商历史文件。列出与交易金额巨大的主要供应商进行的所有采购事项。

（3）劳务合约。指明所有主要供应商与工会所签合约的状况。

（4）采购订单目录。目录中所有的订单都应被编号并说明结案与否。

（5）采购订单卷宗。所有采购订单副本都应按顺序编号后保管在里面。

（6）投标历史文件。指明主要物料项目所邀请的投标商、投标额、不投标的次数、成功的中标者等信息。这一信息可以清楚反映供应商的投标习惯和供应商可能存在的私下串通。

（7）工具和寿命记录。指明采购的工具、使用寿命、使用历史、价格、所有权和存放位置。

一个完善的采购流程应满足所需物料在价格与质量、数量、区域之间的综合平衡，即物料价格在供应商中的合理性，物料质量在制造过程中所允许的极限范围内，物料数量能保证制造的连续性和采购的经济性等要求。

二、企业生产物流管理

（一）生产物流的内涵

生产物流在物流术语国家标准中的定义是：在制品、半成品、产成品等在企业内部的实体流动。

1. 从物流的范围来分析

企业生产系统中物流的边界开始于原材料、外构件的投入，终止于成品仓库，它贯穿在生产全过程，横跨整个企业，其流经的范围是全过程的和全厂性的。物料投入生产后就形成物流，并且随着时间进程不断改变自己的实物形态和场所位置。

2. 从生产工艺角度来分析

由于企业物流是生产工艺中的一个组成部分，所以生产工艺过程和物流过程几乎是密不可分的。它们之间的关系有很多种，有的是在加工、制造过程中同时完成物流；有的是在物流过程中实现生产工艺所要求的加工和制造；有的是通过物流对不同的加工、制造环节来进行链接。它们之间有着非常强的一体化的特点——"工艺是龙头，物流是支柱"，所以生产物流主要是指企业在生产工艺中的物流活动。

其过程为：原材料、外购件等物料从企业仓库或企业的"门口"开始，进入到生产线的开始端；之后进一步随生产加工过程并借助一定的运输装置，一个一个环节地"流"；在"流"的过程中，本身被加工同时产生一些废料余料，直到生产加工结束，再"流"到制成品仓库。

3. 从物流属性来分析

企业生产物流是指生产所需物料在时间和空间上的运动过程，是生产系统的动态表现。简单来说，物料（原材料、零配件、辅助材料、在制品、成品）经历生产系统各个生产阶段或者工序的全部运动过程就是生产物流。

总而言之，企业生产物流就是指伴随着企业内部生产过程的物流活动，即按照工厂的布局、产品生产的过程和工艺流程的要求，实现原材料、配件、半成品等物料在工厂内部供应库与车间、工序与工序、车间与车间、车间与成品库之间流转的物流活动。

（二）企业生产物流的组织形式

生产物流的组织是相对于企业的生产区域而言的，目标是如何缩短物料在工艺流程中移动的距离。企业生产物流一般有 3 种专业化组织形式。

1. 按对象专业化形式组织生产物流

对象专业化也称为对象原则，就是以产品（零件、部件）为对象设置生产单位。在对象专业化的生产单位内，集中了为制造某种产品所需要的各种不同类型的生产设备和不同工种的工人，对其所负责的产品进行不同工艺方法的加工。每一个生产单位基本上能独立完成该种产品的全部或大部分工艺过程，不用跨其他的生产单位。

对象专业化形式的优点如下：

（1）由于在一个车间内就可以完成或基本完成零件的全部加工工序，这就大大缩短了产品的加工路线，节约了运输的劳动量，减少了生产场地和仓库的面积。

（2）减少各车间之间的生产联系、简化计划、管理等工作，有利于提高产品质量和加强车间管理。

（3）可以减少零件的停运时间，提高生产的连续性，缩短产品的生产周期，减少在制品占用，节约流动资金。

对象专业化形式的缺点如下：

（1）不适应市场对产品要求的变化，应变能力低。

（2）需要较多的生产设备，投资费用多，而且由于分散使用，设备的利用率较低，当产量不够大时，会出现生产场地和设备能力不能充分利用的情况。

对象专业化形式的适用条件是：在企业专业方向已经确定，产品品种比较稳定，生产类型属于大量、大批生产，设备比较齐全并能有充分负荷的条件下，适宜于按对象专业化组织生产物流。

2. 按工艺专业化形式组织生产物流

工艺专业化形式也称为工艺原则，即按照生产工艺的特点设置生产单位。在工艺专业化的生产单位内，集中着同种类型的生产设备和同工种的工人，对企业生产的各种产品或零件进行相同工艺方法的加工。

工艺专业化形式的优点如下：

（1）对产品品种的变化和加工顺序的变化适应能力强，不必重新布置工作地和调整设备与工艺装备。

（2）由于每个生产单位只进行同一种工艺的加工，这就便于工艺管理和工人技术水平的提高。

（3）便于充分利用生产设备和生产场地，设备的利用率高。

工艺专业化形式的缺点如下：

（1）零件大量停放，使生产周期延长，流动资金占用量增加。

（2）零件在车间之间往复搬运多次，加工路线长，运输费用高。

（3）各车间之间的关系复杂，使计划管理、质量管理、在制品管理、生产控制等工作复杂化。

工艺专业化形式的适用条件是：在企业生产规模不大，生产专业化程度低，产品品种不稳定的单件、小批生产条件下，适宜于按工艺专业化组织生产物流。

3．按成组工艺形式组织生产物流

成组工艺形式是结合了上述两种形式的特点，按成组技术原理，把具有相似性的零件分成一个成组生产单元，并根据其加工路线组织设备。其主要优点是：可以大大简化零件的加工流程，减少物流迂回路线，在满足品种变化的基础上有一定的批量生产，具有柔性和适应性的特点。

三、企业销售物流管理

（一）销售物流的内涵

销售物流是按企业的活动范围和业务性质来划分的。制造商将自己的产品出售给用户或消费者的物流活动被称为销售物流，是生产者至消费者或用户之间的物流，它包括了订货的处理、产成品库存、发货运输、销售配送等内容。销售物流是企业物流系统中的一个重要环节，是企业物流与社会物流的转换点，也是企业物流与社会物流的最后一个衔接点，它通过备货、运输方式和选择销售渠道与企业销售系统相配合来共同完成产品的销售任务。企业的产品只有通过销售才能实现其自身价值，从而创造了利润。销售物流是企业在销售过程中，将产品的实体转移给用户的一种物流活动，是产品从生产地到用户的空间和时间转移，以实现产品的销售利润为目的。销售物流是运输、存储、配送等诸多环节的统一。

（二）销售物流的流程

销售物流是企业物流与社会物流的又一个衔接点，也是企业物流的最后一个环节。它与企业销售系统相配合来共同完成产品的销售任务。根据对目前国内大多数制造企业销售业务流程及销售物流的配送模式的深入分析，我们得出一个更有普遍意义的企业销售物流管理模型。

1．系统拓扑结构

与传统的"桌面"管理信息系统不同的是，从地域上来看，本系统分布于总部各部门及全国（全球）分支机构（办事处）；用户使用的设备可以是手机、PDA、笔记本电脑、普通微机等；用户可以是企业内部人员，也可以是客户；用户可用普通的浏览器（IE、Netscape 等）及专用的软件。所以，本系统要开发两种应用程序：Web 应用程序及 Windows 应用程序。其拓扑结构如图 4-3 所示。

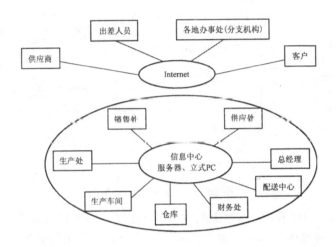

图 4-3　企业销售物流关系系统拓扑结构图

2. 系统功能模型

销售物流的流动是由客户订单驱动的，而物流的终点是客户。所以，销售物流管理系统应该具有以下功能：客户可以远程订货；能方便客户查询、了解产品；客户能跟踪自己的订单处理动态、物流状态等。而这一切完全都可通过 Internet 实现。

从企业方面来说，该系统考虑了以下功能：订单处理。企业在收到来自各办事处或者客户的订单后，能够及时处理订单。一般来说，先是查看企业的库存，若有库存，那么直接生成产品提货通知单，物流配送部门根据提货通知单生成物流配送单，组织配送；若企业没有库存，则生成生产需求单，再把信息传递给供应物流管理系统或者生产物流管理系统。在物流配送的过程中，物流配送人员可以直接通过网络反馈信息；在不久的将来是通过 GPS（全球定位系统）反馈物流配送信息。因此，客户和经营管理者可以随时了解物流的状态。在企业内部，各物流相关部门可以通过企业内联网（Internet）随时了解重要信息，有利于生产组织管理，为管理者实时的提供物流运行状态，以便于经营决策。对于出差在外的人员也可以通过Internet随时随地了解到企业的物流信息，真正起到了远程管理的作用。此外，可以把分散在全国各地的分支机构（办事处）统一管理起来，不但能够提高工作效率，而且能起到监督的作用。综上所述，提出了如图 4-4 所示的企业销售物流管理的系统功能模型。

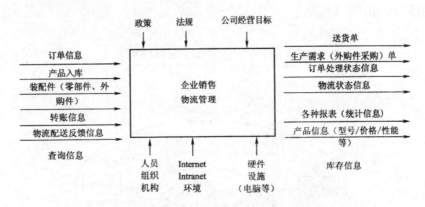

图4-4 企业销售物流管理系统功能模型

从图 4-4 中可看出，本系统把成品库存也纳入销售物流管理系统中。对于由于损坏或其他原因发生退货的货物，还应该实施退货处理。退货在销售活动中会经常发生，由于销售退还的商品也需要登记和管理，也会有费用发生，因此，退货作业与企业经济效益紧密相关，不可小视。另外，还应考虑在库商品的退换问题，可以在数据上分为退换商品与正品，但是，实际的物流存放空间不变。

第三节 企业供应链管理研究

一、供应链管理的内涵

供应链管理作为管理学的一个新概念，已经成为管理哲学中的一个新元素。但是目前却没有关于供应链管理的统一定义，下面是几个对供应链管理内涵的具体描述。

供应链管理是指对整个供应链系统进行计划、执行、协调、控制和优化的各种活动和过程，供应链管理的内容是提供产品、服务和信息来为用户和股东增添价值，是从原材料供应商一直到最终用户的关键业务过程的集成管理，其目标是要将客户所需的正确的产品能够在正确的时间、按照正确的数量、正确的质量和正确的状态，以正确的价格送到正确的地点，并实现总成本最小。

二、供应链管理的内容

供应链管理是以提高企业个体和供应链整体的长期绩效为目标，对传统的商务活动进行总体的战略协调，对特定公司内部跨部门边界的运作和在供应链成员中跨公司边界的运作进行协调控制的过程。供应链是一个有机的系统整体，供应链管理的内容框架特别强调被管理的各部分的相互关联性。供应链管理的内容框架主要包括三个紧密相关的元素，即供应链网络结构、供应链业务流程和供应链信息系统。

（一）供应链业务流程

流程是一系列为市场生产或者专门客户特别产品的结构化和可测度活动的集合。它关注最终客户以及产品流、信息流、资金流等的动态管理。

成功的供应链管理迫切需要从管理独立的企业转变到在关键的供应链流程中集成业务活动。传统管理中，供应链上下游企业间传递的是过时的零星信息，企业作为不相关的实体而互相作用。采购部根据客户需求下发订单，订单周期性地提交给供应商，供应商对销售点或客户使用情况了解极少。一旦客户需求发生变化，沿着"零售商—分销商—制造商—供应商"的整个供应链的反应速度必然表现出跟不上这些变化，进而导致通过集成加速供应链流程运作需求的形成。运作一个集成的供应链需要连续的信息流，信息流反过来又会帮助创造最好的产品流。客户是流程中最基本的核心，获得一个有效的客户核心系统依赖于准确进行信息处理的快速反应系统，该系统能够对应于客户需求的波动而不断地跟随变化。有效供应链管理的关键是对客户需求、生产流程和供应商运行中的不确定因素进行控制。只有在业务中实施流程方法，才能实现产品流的优化。全球供应链论坛成员识别的关键供应链流程有：客户服务管理、产品开发和销售、订单实现、客户关系管理、采购、需求管理、生产流管理、退货等。

（1）客户服务管理流程。客户服务是客户信息获取的主要源泉，目前已成为调整产品和服务协议的主要手段。客户服务可以为客户提供有关约定托运日期和产品可获得性的实时信息。对客户服务部门而言，指导客户使用相关产品或服务是义不容辞的责任。

（2）产品开发和销售流程。新产品开发是企业生命之源。产品开发周期的缩短，将有助于企业开发并成功地推出恰当的产品，从而赢得和保持竞争优势。为了缩短产品到市场的时间．客户和供应商必须集成到产品开发流程中。在产品开发和销售流程管理中，管理者必须注意以下三点：第一，要与客户关系管理流程相配合，以识别客户表达出和未表达出的需求；第二，要与采购流程相配合，以有效地挑选物质和供应商；第三，要与生产流管理流程相配合，以为产品与市场的联合集成出最好的供应链流程。

（3）订单实现流程。供应链管理以满足客户需求为中心，在任何情况下，获得较高的订单实现率都是非常重要的。有效地运行订单实现流程需要集成企业的生产、分销和运输计划。与供应链关键成员和运货商共同实施某种联盟，以满足客户需求、减少对客户的总体提供成本。这样做的目的是为了开发出一个从供应商到企业再到各类客户的贯穿整个供应链的无缝流程。

（4）客户关系管理流程。通向集成供应链管理的第一步是识别各机构视为对业务任务起关键作用的主要客户或客户团体，并与其合作，共同构建相关的产品和服务协议。此外，客户服务部门还应当与客户一道，共同识别需求变化之源，并通过实施评估来分析客户服务水平和客户收益率。

（5）采购流程。根据多个标准（如对企业的贡献率、重要性程度等）对供应商进行分类，并与供应商一道制定战略计划以支持生产流管理流程和新产品的开发。对跨国企业，应当在全球范围内进行采购管理。与某一组核心供应商建立长期的战略联盟，将会形成共赢的关系，使双方都能从中获利。在采购流程管理中，目前已开发了快速通信机制，如电子数据交换（EDI）与因特网的连接，可以快速传递需求，从而大大减少耗费在采购交易阶段上的时间和成本。

（6）需求管理流程。基本存货包括工厂运作流程中的产品和运输途中从一点运向另一点的产品，库存变化依赖于流程、供货和需求中的变化。迄今为止，客户需求是影响库存变化的最大因素，这源自于存在非规则的订单形式。客户订单形式的不规则变化使需求管理成为有效供应链管理的一个关键。需求管理流程必须平衡客户需求和企业供货能力，如试图确定客户何时会购买什么。一个好的需求管理系统利用销售点和"关键"客户数据来减小不确定性，并在供应链中提供有效的流通。营销需求和产品计划必须在全局范围内进行协调，如收到订单，就开始在多个供货源和路径中进行选择。在高级应用中，客户需求和产品生产率同步运作，以便全方位地管理存货。

（7）生产流管理流程。在传统企业里，产品只根据某个计划进度进行生产，这常常导致由于库存空间不够、过大的存货搬运成本、价格较低或产品的转运等原因而生产出大量过剩甚至无用的产品。在供应链管理中，产品根据客户的需求而生产，生产流程必须灵活地与不断变化的市场需求相适应。这就要求企业能敏捷地变动以适应批量客户定制的需求，保证订单在最恰当的时间和最小的存货空间需求下得到实施。产品优先度由所需供货日期决定，生产计划员与客户计划员应共同为每一个客户段提供开发策略，努力缩短生产流流程的周期，改善对客户的反应能力。

（8）退货流程。管理退货的业务流程同样也能提供获得持续竞争优势的机会。有效的退货流程管理使产品改善和项目突破成为可能。退货流程管理涉及设备、零件、供应商、折价物等方面，在管理过程中，人们常用将某个资产退回到可用状态所需的时间来测度，这对客户在产品有问题时能得到及时更换方面非常有用。此外，对于从生产厂地报废的设备，一般根据资金回收的时间来测度。

（二）供应链网络结构

从初始供应商到最终客户，所有的企业都会参与进供应链。供应链中的多大成分需要进行管理，有赖于产品复杂程度、供应商数量、原材料获取、产品销售等因素。在进行供应链管理时，必须考虑供应链的长度、每一层次供应商和客户的数量。一般地，供应链网络结构涉及网络的结构尺度和供应链成员两个方面。

（1）网络的结构尺度。在描述、分析和管理供应链时，人们常采用网络的四个结构尺度：垂直结构、水平结构、交叉度和供应链内核心企业的水平位置。

第一个尺度是垂直结构，是指在每一层中供应商/客户的数量。一个企业可能具有狭窄的垂直结构，在每一层中只与少量的企业进行链接；也可能具有宽广的垂直结构，在每一层中与很多供应商/客户进行链接。第二个尺度是水平结构，是指供应链中成员的层次。供应链可能存在两种情形，一是层次多、形状长；二是层次少、形状短。例如，批发水泥的网络结构形状相对比较短：从地下挖出原材料，与其他材料相结合，通过物流运输到目的地，用来建造房屋。第三个尺度是交叉度。核心企业的网络结构还应该考虑其供应链成员与竞争对手的链接关系。例如，某核心企业的客户或供应商很有可能也是提供同样产品的竞争对手的客户或供应商。核心企业供应链管理应充分考虑到这种交叉关系的存在。第四个尺度是供应链内核心企业的水平位置。一个企业可能位于初始供货源附近，也可能位于最终客户附近，或位于初始供货源和最终客户端点之间。

在企业研究中，存在这些结构变量的不同组合，如供应商窄而长的网络结构与客户宽而短的网络结构相结合。增加或减少供应商/客户的数量将影响供应链结构。例如，当一些企业从多源供应商移向单源供应商时，供应链会变得狭窄一些。外包物流、生产、营销或产品开发活动是另一个会改变供应链结构的决策活动，这将增加供应链的长度和宽度，同样也会影响供应链网络中核心企业的水平位置。交叉度会随着产品紧俏和市场变化而发生变化。

（2）识别供应链成员。在决定网络结构时，有必要识别谁是供应链成员。显然，将所有类型的成员都纳入供应链必将导致整个网络变得过于复杂。在大多数情况下，集成和管理供应链中与所有成员链接的所有流程链会产生反作用，使管理链条过长，管理成本过高，导致管理的低效率甚至无效率。在识别供应链成员时，关键是筛选出一套评判基准，该基准可用于评判哪些成员对企业和供应链的成功具有决定性作用。

根据不同成员在为最终客户提供价值活动中表现出的作用的不同，供应链成员可分为基本成员和辅助成员。其中，基本成员是指在为特殊客户或市场生产特殊产品的业务流程设计中实施增值活动（操作和/或管理）的所有自治的企业或战略业务单元；辅助成员是指始终但简单地为供应链中基本成员提供资源、知识、功能或资产的企业，如向厂家出租货车者、向零售商贷款的银行、提供存货空间的仓库拥有者，或者提供产品设备、打印营销手册、提供临时秘书助理的企业。基本成员和辅助成员的区别并非在任何情况下都很明显。但不管怎样，这种区分有助于合理地简化管理活动，尤其是有助于认识和把握供应链中的核心成员。区分成员类型的方法在某种程度上类似于波特在其"价值链"框架中对基本活动和辅助活动的区分。

正确认识基本成员和辅助成员有助于理解和掌握供应链中有关源点和消费点的定义。哪个地方不再存在更上一级的基本供应商，哪个地方便是供应链的源点，所有对源点成员的供应商都仅仅是辅助成员。

（三）供应链信息系统

供应链信息系统是供应链管理内容框架的第三个元素。供应链信息系统的功能和现代化程度决定了业务流程链的集成和管理水平。

信息系统应能将先进的信息技术如数据仓库、联机分析处理、数据挖掘等融入解决方案之中，帮助供应链整合不同来源的市场、客户数据和业务、财务数据，并能根据行业的特点和需求对这些多种媒体的数据进行重组和统一管理。信息系统应具有如下功能：决策管理、物品跟踪管理、采购管理、计划和控制管理、产品流结构管理、订单管理、库存管理、客户关系管理、风险和奖励管理、机构结构管理、财务管理等。

（1）决策管理。决策管理依赖于决策支持系统，决策者根据系统的分析对供应链管理中的关键流程做出决策。

（2）物品跟踪管理。通过信息系统的可视化客户界面，客户可随时看到所需物品在整个供应链中所处的位置，并掌握获得物品所需要的时间。

（3）采购管理。采购管理是根据客户需求，及时购买原料并运到指定地点的活动。借助于因特网，采购交易过程能得到大大简化。

（4）计划和控制管理。计划和控制是企业或供应链成功的关键。企业间联合计划的程度对供应链的成功具有重大影响，但这对信息系统提出了较高的要求。信息系统应能在更高层次上打破企业间的隔阂，保证企业之间充分交换信息和意见，共同对市场、产品、生产、库存等流程进行计划和控制管理。

（5）产品流结构管理。产品流结构是指供应链中采购、生产和分销的网络结构。由于在供应链中存货的必要性，同时由于在仓库中库存未加工品或半成品的成本比在仓库中库存成品的成本要低，所以供应链成员间可能会库存不同比例的存货数量，并且往往是上游企业承受更大的负担，这必然影响企业间的合作。信息系统对产品流结构的合理安排和协调对供应链中所有成员都具有重要意义。

（6）订单管理。订单管理系统一旦收到订单，应能以最短的前置期提供物品。这依赖于订单管理与库存管理、生产流管理等的交互。

（7）库存管理。库存管理包括原料、半成品和成品的库存管理。仓库中的物品流动快、数量多、品种杂，信息系统应能利用先进的技术，如条码技术跟踪每个物品的行踪，通过设计充分利用仓库的空间，提高取货准确率，缩短取货时间，降低物品损坏率。

（8）客户关系管理。客户关系管理是在从重视企业内部运作效率向重视外部客户关系转移的过程中提出来的。企业以客户关系管理作为解决方案主要不是为了解决企业内部的运作效率问题，而是为了了解、掌握和调整客户关系，并以此为突破口，提高整个供应链的市场竞争力。客户关系管理能使供应链更迅速、更有效地提供客户服务，更确切地掌握客户动向及需求，更实时地提供客户适合的产品。

（9）风险和奖励管理。供应链中风险和奖励的公开和共享将影响供应链成员的长期合作，信息系统应对此进行监督。

（10）机构结构管理。信息系统应能对机构人员、部门的职责和变化等进行管理。有些部门能穿越机构边界，使机构管理从企业内部延伸到供应链。

（11）财务管理。财务管理是对现金、固定资产、采购和销售流程中的资金出入等与财务有关的所有活动的管理。信息系统在这方面应具有较高的安全性。

第四节　企业物流与供应链管理信息化发展研究

一、企业物流与供应链信息化发展的特点

伴随着我国物流业的智慧化和集成化发展，近年来，我国物流与供应链信息化的发展呈现以下七大鲜明特点。

（一）国家高度重视物流与供应链数字化建设

2020 年 3 月，工业和信息化部印发的《中小企业数字化赋能专项行动方案》中明确指出，鼓励以新一代信息技术与应用为支撑，搭建供应链、产融对接等数字化平台，提升中小企业应对危机的能力、夯实可持续发展基础。同时，文件提出夯实数字化平台功能、创新数字化运营解决方案、提升智能制造水平、加强数据资源共享和开发利用、强化供应链对接平台支撑等十余项数字化发展重点任务。同年 5 月，国家发展改革委和交通部印发的《关于进一步降低物流成本的实施意见》也明确提出：要加快发展智慧物流，积极推进新一代国家交通控制网建设，加快物流基础设施数字化升级，提高仓储、运输、分拨配送等物流环节的自动化、智慧化水平。

2020 年 9 月，中国人民银行等 8 部门印发的《关于规范发展供应链金融支持供应链产业链稳定循环和优化升级的意见》要求：支持供应链产业链稳定升级和国家战略布局，顺应产业组织形态的变化，充分发挥市场在

资源配置中的决定性作用，促进经济结构调整；提升产业链整体金融服务水平，依托核心企业构建上下游一体化、数字化、智能化的信息系统、信用评估和风险管理体系，建立金融机构与实体企业之间更加稳定紧密的关系。

（二）"新基建"奠定行业数字化发展基础

自从 2018 年以来，中央多次做出要加快新型基础设施建设的重大战略部署，促进经济高质量发展。部分龙头企业已经通过对数据的存储、挖掘、分析和使用实现价值转移，开展运价预测、信用评价、运费垫付、小额贷款、金融保理、消费白条、车后商城等基于业务数据的增值服务并实现盈利，完成了物流行业由"作业产生价值"向"数据产生价值"的路径探索，为进一步提升行业高质量服务水平、构建智慧物流生态体系奠定了良好的基础。

（三）物流行业平台化转型趋势明显

伴随着技术进步与模式创新，物流行业的内部管理、运营模式、生态建设方面呈现出平台化发展趋势。在企业业务层面，产品化、标准化的仓储管理系统（WMS）、运输管理系统（TMS）、订单管理系统（OMS）的应用逐渐成熟，实现了企业业务的平台化管理和信息互联互通，破除信息孤岛。物流园区也充分利用互联网、物联网等信息技术，向服务型、功能型、智能型的新模式转型，实现线上线下一体化、数字化和平台化管理。物流软件服务商通过 SaaS 服务的模式将原来的产品服务提升为平台服务。物流硬件服务商也通过平台模式提供定位、ETC、主动安全等服务，助力中小物流企业快速提升信息化管理水平。在运营模式方面，81%的传统物流企业有意愿转型或拓展物流平台业务以提升社会化运力整合能力和运输透明化管理能力，有效拓展业务规模，实现降本增效。在生态建设方面，平台型物流企业依托交易数据建立以"承运"为核心的生态体系，油品、保险、金融、后市场等服务平台应运而生，构建良性生态圈。

（四）网络货运助力行业数字化转型升级

我国经济发展已经进入数字时代，网络货运平台作为物流行业数字化转型的代表，在数据存储、分析、使用等方面均走在行业的前列。在交易类平台中，网络货运平台占比高达 90%。科技型网络货运平台在大数据、云计算、人工智能等技术的驱动下，依托交易数据优化资源配置，进行智能定价、就近派车、路径优化并产生了良好的经济效益，有效实现企业降本增效。

（五）智能物流技术应用取得新成果

在自动驾驶方面，百度、美团等多家企业开放道路测试，智能网联汽车已经实现在园区内的"半开放化"运营，是"5G+车联网"技术在运输领域的创新应用成果。在数字化仓储方面，我国已建成自动化立体库4000余座，部分快递企业通过5G、AI、识别和传感器技术的综合应用，实现自动化打印、贴单、称重、建包、分拣等库内作业，大大提升了作业效率，以适应电子商务的飞速发展对快递物流提出的时效要求。在"中国制造2025"战略方针的推行下"家电黑灯工厂"投入使用，其打造的"人机协同，群智开放"的智能物联新模式，大大提升了生产与库存效率。此外，基于区块链的电子提单系统也首次应用于跨境远洋运输，实现技术与航运生态的有效结合。

（六）现代供应链创新应用取得新进展

2018年，商务部、中物联等8部门出台《关于开展供应链创新与应用试点的通知》，并于10月公布了55个试点城市和266家试点企业。经过两年多的试点工作，部分城市和企业的供应链优势培育取得新成效，供应链效率效益得到新提高，供应链安全稳定达到新水平，供应链治理效能得到新提升。在促进供应链协同化、标准化、数字化、绿色化、全球化发展，着力构建产供销有机衔接和内外贸有效贯通的现代供应链体系方面取得了不错的成绩。因此，2021年3月，商务部、中物联等8部门印发了《关于开展全国供应链创新与应用示范创建工作的通知》，力争用5年时间，培育一批全国供应链创新与应用示范城市和示范企业。2021年5月，经过专家评审，10个示范城市及100家示范企业的名单已向社会公示。

（七）物流与供应链信息化成为融资新热点

2020年受疫情影响，物流行业资本市场更是持续遇冷，年投融资总额457.11亿元，仅为2017年的四分之一。但是从细分领域可以看出，同城货运平台成为新的投资热点，约占全年投融资总金额的35%。此外，围绕平台开展油品、供应链金融、主动安全、后市场等服务的企业也获得资本青睐，说明车后市场是物流平台进行业务拓展的主要方向，也是平台企业未来的盈利手段。此外，物流科技成为物流领域 2020 年最活跃的领域之一，自动驾驶、智能仓储、无人车、SaaS 共发生融资事件 25 起，约占全部投融资笔数的 25%。

二、企业物流与供应链信息化发展的机遇

2022 年是"十四五"规划的第二年，秉承创新驱动发展的理念，我国物流与供应链发展将会迎来新的发展机遇，主要呈现以下趋势。

（一）保障产业链供应链自主可控、安全高效

习近平总书记指出：流通体系在国民经济中发挥着基础性作用，构建新发展格局，必须把建设现代流通体系作为一项重要战略任务来抓。要贯彻新发展理念，推动高质量发展，深化供给侧结构性改革，充分发挥市场在资源配置中的决定性作用，更好发挥政府作用，统筹推进现代流通体系硬件和软件建设，发展流通新技术新业态新模式，完善流通领域制度规范和标准，培育壮大具有国际竞争力的现代物流企业，为构建以国内大循环为主体、国内国际双循环相互促进的新发展格局提供有力支撑，保障产业链供应链自主可控、安全高效。

（二）制造业与物流业将深度融合

2020 年 8 月，国家发改委印发了《推动物流业制造业深度融合创新发展实施方案》，指出要促进企业主体、设施设备、业务流程、标准规范、信息资源五项融合，支持物流企业与制造企业通过市场化方式创新供应链协同共建模式；实现枢纽园区、铁路专用线、仓库等物流基础设施的有机联动；引导物流、快递企业为制造企业量身定做供应链一体化服务等物流解决方案，增强柔性制造、敏捷制造能力；同时加强各项标准的协调衔接，积极探索和推进区块链、5G 等新兴技术在物流信息共享和物流信用体系建设中的应用。

（三）大数据、区块链等新技术赋能产业智慧化升级

2020 年 12 月，国家发改委发布《关于加快构建全国一体化大数据中心协同创新体系的指导意见》，指出要加强全国一体化大数据中心顶层设计，促进政企数据对接融合、推动行业数字化转型升级等战略目标。"十四五"规划纲要指出，要推动区块链技术创新，以联盟链为重点发展区块链服务

平台和金融科技、供应链管理、政务服务等领域应用方案，进一步助力行业智慧化升级。

（四）网络货运平台将会做大做强

经过三年的无车承运人试点和一年的网络货运普适运营，网络货运的盲目扩张期已经结束，企业在规范运营的基础上，注重承运，构建核心竞争力。国务院印发的《推进运输结构调整三年行动计划（2018－2020 年）》文件中提到，要促进"互联网+货运物流"新业态、新模式发展，推动货运物流平台健康有序发展，重点培育 50 家左右创新能力强、运营管理规范、资源综合利用效率高的无车承运人品牌企业。今年，交通运输部有关机构将会发布网络货运 50 强，在政策引领下，头部网络货运企业将继续做大做强，成为行业发展的典型标杆。

（五）抓紧物流绿色可持续发展

2021 年 4 月，国务院《关于加快建立健全绿色低碳循环发展经济体系的指导意见》文件指出要健全绿色低碳循环发展的流通体系，积极调整运输结构，支持物流企业构建数字化运营平台。北京、天津、深圳、广州、成都等城市也纷纷出台了针对新能源物流车的路权优惠或财政补贴政策。最近，中国物流与采购联合会也积极响应国家号召，发起了《物流行业绿色低碳发展行动倡议》，共同推动我国物流业践行国家绿色发展理念，助力实现"碳达峰""碳中和"的战略目标。

三、我国物流与供应链信息化发展方向

物流与供应链行业的高质量发展离不开新技术的支撑，顺应行业发展趋势，我国物流与供应链信息化建设任重道远，未来将有以下五个主要发展方向。

（一）物流与供应链流程管理更加透明

伴随着物流信息化的发展，物流业务数据实现了系统化、线上化管理，企业内部业务数据实现互联互通。在此基础上，传统物流企业平台化转型速度加快，平台化运营使得物流各环节无缝衔接，特别是《网络平台道路货物运输经营管理暂行办法》正式出台，明确了网络货运的法律地位，实现了运输全流程的透明、精准管控以及"商流、信息流、物流、资金流、

票据流"五流合一，标志着我国道路运输行业逐步由证照监管向数据监管转变，是我国物流企业从"小、散、乱"逐步迈入数字化时代的里程碑。此外，网络货运平台对运输全程进行监控的要求较高，"5G+车联网"技术能有效帮助平台实现对车辆及驾驶行为的透明管控。

（二）智能物流装备应用将更加深入

伴随着电子商务的迅猛发展，我国智能物流装备行业迎来良好发展机遇，近5年来市场规模整体保持20%以上增速增长，特别是自动化立体库、云仓系统发展迅猛。近两年，新冠肺炎疫情对传统物流造成了巨大的冲击，与此同时也催生了物流技术装备的升级变革，无人机、无人仓、无人配送等设备和技术快速更新迭代，助力行业实现"无人化"作业，进一步提升智能化水平。

（三）要致力于打造供应链信息互联互通

随着信息技术的发展，我国物流与供应链已发展到与互联网、物联网深度融合的新阶段。从原材料供应商到终端用户的供应链条中，任意节点（即供需双方）紧密相连。在传统供应链模式下，各节点对库存的独立控制使得供应链条产生严重的"牛鞭效应"，单一环节降本增效的空间不大。行业的发展应从供应链一体化角度出发，将ERP系统与物流企业TMS/WMS系统或平台直接相连，打造集"采购、生产、贸易、运输、仓储、配送"为一体的供应链协同一体化服务平台，实现各环节全程可控和全节点可视，能够快速响应各节点需求，从供应链协同管理的角度降低整体成本。

（四）要实现产业链数字化升级

"新基建"是产业数字化的基础设施，为产业跨界融合提供技术基础。在"新基建"的助力下，通信、制造、商贸、物流、金融、保险等各行业均实现数字化升级，围绕物流供应链、产业链的相关企业数字化水平明显提高，产生有价值的数据资产。物流行业应在全产业数字化的基础上实现跨界融合，与产业链各方平台合作对接，实现跨界融合，增加新的盈利点。

（五）信息化推动高素质物流人才需求

伴随着我国物流与供应链从劳动密集型向技术密集型转变，行业对物流与供应链人才的要求也逐步提高，同时具备物流、供应链、技术及管理能力的复合型人才存在较大缺口。未来，物流与供应链企业应加强与高校的紧密合作，为物流专业学生提供深入企业交流学习甚至是实习的机会，实现产学研结合，培养一批既具有理论基础，又具有实践能力的高素质人才，为物流与供应链行业高质量发展持续做出贡献。

综上所述，在新业态、新模式、新技术的助力下，我国物流与供应链信息化发展正处于高速发展期，在扩展规模的同时也要注意规范运营与数据安全，要避免出现恶性竞争、打"擦边球"的情况。同时也将持续关注行业发展变化，通过标准制定、行业自律、企业评估等工作进行引导，树立典型标杆，共同维护行业有序、规范和可持续发展。

第五章　企业市场营销管理及信息化发展

第一节　企业市场营销内涵分析

一、企业市场营销战略的内涵及目标

市场营销战略是指企业在现代市场营销观念的指导下，为实现其经营目标，在一定时期内对市场营销发展的总体设想和规划。企业战略界定了营销战略的基本理念、原则和行动框架。换言之，营销战略必须遵循并以企业战略为指导。同时，企业战略的落实也离不开营销战略的制定、实施与控制。

市场营销战略目标是企业经营战略所要达到的目的，一般由以下指标体系来表示。

（1）利润：企业进行生产经营活动所取得的净收入。

（2）市场占有率：企业的某种商品在一定时间和市场范围内，销售量占该市场同种商品总销售量的百分率。

（3）销售增长率：是取得较好利润和市场占有率的基础。

（4）产品创新和树立产品形象：企业为了保护自己的产品，削弱竞争者在市场上的地位，就必须对产品的厂牌信誉，市场占有率和销售量的变化不断地进行分析。这对提高企业竞争能力，延长产品市场寿命周期、扩大销售有着长远的作用。

从营销管理过程的角度来看，营销战略可以分为三个阶段，即营销战略计划、营销战略执行和营销战略控制。其中，营销战略控制一般有年度计划控制、利润控制和战略控制三种类犁。

二、企业市场营销战略的本质

市场营销战略的本质是用户需求的满足。

从营销战略对组织战略的影响上我们清醒地认识到，制定一个营销战略是一项至关重要的工作，研究营销战略与组织战略之间的关系，看似只

论证了一个关系，但更多的是找到了制定组织战略的一个关键性突破口，对制定更加有效的组织战略，达到组织生产经营获取最大利润并能持续良性发展有着不可忽略的意义。成功的营销战略应该有下面三个特征。

（1）营销战略的制定是自下而上的，而非自上而下。营销战略不仅是组织上层考虑的问题，而且是全员参与的决策过程。其最重要的依据是市场和顾客。

（2）营销战略的核心是对顾客需求的满足和引导。顾客的需求决定了市场的大小和变化的趋势。顾客需求包含两个基本方面：一是现实的需求，它产生一个明显的市场，比如每天人都需要吃饭，所以就餐就成为一个现实需求；二是潜在的需求，它不明显，需要去发掘，甚至去引导，比如很多年前国人还没有把"头皮屑"看成是一个那么令人讨厌的脏东西，经过宝洁的大力引导（主要是广告），开发出这样一个巨大的"去头皮屑"市场。

（3）营销战略体现了"从市场（顾客）中来，到市场（顾客）中去"的基本观点。营销战略是建立在市场需求的基础上，但反过来又必须能够指导组织营销工作。

营销战略并不是一个简单的概念，或者仅仅从某一个方面能够加以描述的。换句话说，理解组织营销战略这一概念需要多维的视角，它不仅要确定组织的未来方向和使命，还涉及到组织所有的关键活动，同时需要根据外部环境变化不断加以调整，以实现其确定的战略目标。营销战略是组织根据市场需求及其变化，确定组织的营销方向和使命，并选择合理的市场营销策略来达到组织营销战略目标的总体行动方案。

营销战略的实施过程是帮助组织建立和维持持久的竞争优势以及取得营销绩效的过程。但无论是组织获得竞争优势，还是营销过程中取得良好效果，其最终的落脚点都是满足用户（顾客）的需求。

三、企业市场营销战略的特点

市场营销战略是企业总战略的重要组成部分，它的选择受企业整体战略思想的制约，不同的经营思想会有不同的市场营销战略，因此，市场营销战略必须与总体经营战略相吻合。一般来说，市场营销战略具有以下几个特征。

（一）全局性

战略本身就是一带有全局性的谋划。市场营销战略以全系统为控制对象，研究系统的整体组织与协调，规定企业的总体行动。因此，市场营销战略的制定事关企业整体和全局。企业营销活动本身关联着企业的方方面面，制定营销战略必然涉及并综合考虑企业的各种资源和条件，因而它是整体性、全局性的战略。它反映了企业高层领导对企业长远发展的战略思想，对企业的各项工作具有权威性的指导作用。

（二）深远性

任何一种战略都要着眼于未来，都是对未来的谋划和设计。市场营销战略是为谋求企业的长远发展、长远利益，规划企业的基本思路和发展方向，是着眼于企业适应未来环境变化而制定的一个相当长时间内的指导原则和对策。市场营销战略决策是事关企业发展的全面性决策。它决定着市场开发、占领和扩张的方向、速度和规模，同时也制约着企业的产品开发决策的进程。所以市场营销战略是其他各项决策的基础和前提。而战略目标的实现，是需要经过长期不懈的努力的。企业制定的营销战略，不仅应在战略实施阶段对企业的自下而上发展进行指引，而且要对企业的长远发展做出一定的规划。

（三）长期性

市场营销战略是一项"打持久战"的运筹谋划。对某一市场，特别是国际市场的开拓，并非一日之功，它需要企业投入较多的资金和付出极大的耐心和韧性。凡成功的企业，大都着眼于长期市场战略的规划，其营销额达到顶峰之后仍然持续相当长的时间。他们首先寻找富有生命力的市场机会，然后开发符合用户口味的适当产品。为得到稳固的立足点，他们十分谨慎地选择进入市场的突破口，随后转入市场渗透阶段，以扩大顾客数量和增加市场占有率。当达到市场领先地位时，则转向采用维持战略，以保住他们的市场地位。

（四）导向性

市场营销战略是研究市场营销本质性的问题，强调市场营销的性质与结构，解决企业中的主要矛盾，阐明企业经营的大方向和基本发展趋势。市场营销战略不仅规定和指导企业一定时期的市场营销活动，而且规定和指导企业的一切生产经营活动。特别是战略目标，成为整个企业的奋斗目标和努力方向，企业中各种生产经营要素的安排，各种方针、策略、措施的制定，都是为实现企业的营销战略目标而服务的。

（五）应变性

企业的经营活动就是把现有的各种资源用于不确定的未来，由于环境的复杂多变，必然使企业面临诸多风险，而要尽可能使风险降到最低，市场营销战略应具有相对稳定性，同时，还应随时依据企业外部条件及内部条件的变化加以调整。

（六）风险性

任何开发事业都面临着风险，市场营销战略也不例外。对于瞬息万变的市场，无论经理人设计了多么有效的保证措施，也避免不了投资的风险；由于市场机会识别的偏差，容易造成产品的失误；由于社会经济及政治等因素的变化，也会使原有的市场萎缩；甚至企业会在营销过程中，因为储运、包装受自然灾害的侵袭而导致产品损坏，使消费者不满，从而失去市场。企业要生存、要发展，就必须敢于向风险挑战，做出大胆而理智的冒险。莽撞、冒失、不顾主观条件而盲目冒险，自然免不了失败，而理智的冒险，却往往与胜利相通。

（七）竞争性

竞争是市场经济不可回避的现实，也正是因为有了竞争才确立了"战略"工作在经营管理中的主导地位。市场营销战略的制定是基于对国内外市场竞争格局的认识，就如何使企业在竞争中保持优势、立于不败之地所进行的筹划。在市场营销战略中，充分体现了经营管理者的竞争观念和竞争对策。从本质上来说，企业的市场营销战略就是企业如何获取竞争胜利的战略。

（八）稳定性

市场营销战略作为一定时期企业营销活动必须遵循的方针和原则，具有稳定性的要求。因为它是企业高层领导者通过对企业外部环境和内部条件进行了认真分析和研究所做出的慎重决策，在最初的制定过程中有一个整体的安排和考虑，因而不能随意更改。

（九）原则性

一方面，市场营销战略规定了企业在一定时期内市场营销活动的方针，为企业各个方面的工作制定了可供遵循的基本原则；另一方面，由于战略更多考虑的是面对未来较长时期的营销决策，不可能对具体的营销活动进行细致的策划，因而只能是"粗线条"的决策和筹划，由此决定了营销战略所具有的原则性。

四、企业营销战略的影响因素

影响组织营销战略的因素主要有：战略的制定者；组织内部因素；环境的不确定性；战略周期。

（一）战略的制订者

大多数情况下，高层战略管理主要活动是制定战略，其角色是具有战略导向作用的，也就是他主要工作是进行战略规划或制定公司层面的营销战略。越到下层，其营销工作就更具体，比如，一个地区经理可能需要制订一个地区的产品推广计划。

（二）组织自身因素

1. 组织生命周期

任何组织都要经历一个生命周期。开始是初创期，然后是成长期和成熟期，最后是衰退期。在一个组织的不同生命周期中，其营销战略的重点也不尽相同。

组织初创期，未来还不是很明确和清晰。这时候往往依靠的是创始人的感觉，这种感觉成为营销战略的方向。组织在初创时期更多的是求得生存，"先得有的吃，然后才是考虑吃饱和吃好的问题"。在这段时期，营销战略具有高度灵活性，而且其营销目标也往往是尝试性的，资源的获取有很大的不确定性，目标顾客也很不稳定。

当组织进入成长期，产品逐渐占领市场，顾客群体相对稳定，营销战略的目标就更具方向性。组织更多地考虑是今后的发展方向，考虑专一化，还是多元化，什么样的多元化方式等问题。

到了成熟期，对未来的预见性最大，营销目标更明确，资源更容易获取，顾客群体忠诚度已经建立，营销战略更具体。比如，麦当劳当前的战略主要是开发符合当地人口味的汉堡包以及稳定服务质量，从达成既定的销售目标。

至于衰退期，这时候考虑的是市场的取舍问题，是放弃、收缩，还是转向问题。

2. 其他因素

在组织内部因素中，除企业的生命周期外，经营理念、组织系统与体制以及企业的成长目标、资金、财务、生产、经营销售能力、人员构成与素质、业绩和企业的形象等也是影响营销战略的主要因素。

企业的营销战略关系到企业的兴衰成败，如果战略目标合理，战略方案正确，即使有时执行得不好，效率不高，尚有盈利和成功的可能；反之，如果战略目标失误，战略方案不符合实际，执行得越好，效率越高，损失就越大。在不断变化的营销环境中，要使企业营销活动避免盲目、被动、滞后，就必须在营销战略的指导下，有预见地、主动地、方向明确地随时调整其营销活动。从而有效提高企业经营的安全性和稳定性。战略的制定和调整，不是发生在环境变化之后，而应是一个经常性的活动，对不利环境因素的出现有一定的预防和引导作用。

（三）环境不确定性

市场营销战略是适应市场环境变化，力图使企业内部因素与外部环境协调起来而产生的。环境不确定性越大，营销战略制定越粗略。如果组织面临的环境正发生着迅速地、剧烈地变化，其营销战略也就会越发谨慎和保守。

因此，正确制定企业市场营销战略，需要认真分析影响市场营销活动的因素并采取行动。2008 年席卷世界的金融危机，使得很多世界级的企业开始在世界收缩市场。作为世界级汽车企业的通用也不例外。面对 2008 年的严峻形势，通用汽车董事长兼 CEO 瓦格纳采取了一系列措施，包括：继续改进北美市场的业务结构，启动全球新紧凑型车和动力总成计划，削减卡车产量同时增加适销对路的轿车产能，生产雪佛兰 Volt 电动车为首的新能源车，考虑评估和出售悍马资产。瓦格纳在动用了几乎所有"减法节流"作业后，依然加大了对新车型和新技术的投入，而且和专注于混合动力的日系及氢和柴油动力的欧系厂商不同，通用汽车差不多在每项新能源技术方向上都有不菲的投入。同时在全球以"金砖四国"为主要代表的新兴市场上，通用战果颇丰，并力压丰田一头，只不过这些收获，相对于在老家北美市场上的巨大失意来说，很难同日而语。

一般来说，影响企业营销战略的环境不确定因素主要包含以下两个方面：宏观环境、行业环境。

1. 宏观环境

宏观环境是指那些大范围的社会约束力量构成的环境，这些约束力量主要包括人口因素、经济因素、自然因素、技术因素、政治法律因素和社会文化因素几大部分，是企业不能控制的外在因素。企业所处的微观和中观因素，都要受到宏观力量的控制。宏观力量及其发展趋势给企业提供机会，同时也造成威胁，影响着企业的生死存亡、发展壮大。

2. 行业环境

行业环境是企业所在的中观环境，它由企业所处周边的活动者所组成，直接影响着企业为顾客服务的能力和结果，它包括供应者、营销中介、顾客、竞争者和相关公众（如政府机构、融资机构、媒介机构、群众团体、地方居民、公众等）。

（四）战略周期

最后一个因素与时间有关系，战略制定者不是对未来作决策，而是当前的战略对未来的影响。今天的战略决策是对未来行动的许诺。战略周期的长短决定战略的宏观与发展方向。周期越长，营销战略越模糊、越宏观；周期越短，营销战略越明确、越微观。

第二节　企业营销目标选择与市场定位

一、企业目标市场选择

（一）目标市场的内涵

目标市场是企业的市场目标，是指企业在细分市场的基础上，决定要进入的市场，即企业决定所要销售产品和提供服务的目标客户群或消费群体。目标市场选择是市场细分的直接目的，是指企业从可望成为自己的几个目标市场中，根据一定的要求和标准，选择其中某个或某几个目标市场作为可行的经营目标的决策过程。

选择目标市场，是企业拓展市场的客观要求。因为对企业来说，并非所有的细分市场和可能的目标市场都是企业所愿意进入和能进入的。而且作为一个企业，无论规模多大，实力多强，都无法满足市场上的所有需求。

因为企业的资源是有限的，所以为保证市场营销效率，企业必须把营销活动局限于有限的市场范围，否则分散力量的话，企业肯定达不到预定的目标，企业无法满足所有买主的所有需求。企业必须在细分市场的基础上，根据自身的资源优势，权衡利弊，选择合适的目标市场。

市场细分、目标市场和目标市场选择是三个既有区别又相互联系的概念。市场细分是按不同的购买欲望和需求划分消费群的过程，而确定可能的目标市场是企业选择某几个子市场的过程。目标市场选择，是在几个可能的目标市场中选择最有价值的目标市场作为营销对象的决策过程。市场细分是发现可能目标市场和进行目标市场选择的前提和条件，发现可能目标市场和目标市场选择则是市场细分的目的和归宿。

（二）目标市场选择的标准

企业在市场细分后，面临选择目标市场的问题。因为并不是每个细分市场都是值得或能够进入的。企业必须先对各细分市场进行评估，即了解相应的细分市场是否存在潜在需求，竞争状况及其趋势，是否有利可图，企业本身实力如何等。在分析判断的基础上决定选择最有利于企业的细分市场作为服务对象。因此，选择目标市场必须考虑以下基本的标准。

1. 有一定的规模和发展潜力

首先，目标市场应具有一定的现实需求，足以实现企业预期的销售额。理想的目标市场应当与企业的实力相匹配。较小的市场，不利于较大企业发挥其潜力；过大的市场，对于实力较弱的企业，则难以有效控制与占领。其次，目标市场应存在未满足的潜在需求，有充分的发展空间与潜力。

2. 有足够的吸引力

有一定规模和发展潜力有时也未必是理想的目标市场。因为从经济效益和盈利的角度看，该市场或许企业难以进入，或许企业无法达到预期的市场占有率，因而缺乏内在的吸引力。市场有无足够的吸引力首先要看能否建立企业预期的需求。它通过一定的市场占有率来体现，受该企业营销努力的影响。市场占有率反映企业对市场的控制程度，不仅衡量企业的营销水平，也体现企业的市场定位如何。市场有无足够的吸引力，还要比较企业需求与企业成本。企业需求显示企业的收入潜力，企业成本是实现企业需求所需的支出与代价。企业需求固然可以通过营销努力加以刺激，但竞争的存在会导致营销费用的增加，削弱企业的盈利能力。

3. 符合企业的目标和能力

理想的目标市场还必须结合企业的目标和能力来考虑。某些分市场也许有较大的吸引力，但不符合企业长远目标，因而只有放弃。尽管这些分市场本身可能具有吸引力，但是却不能推动整个企业实现自己的目标，甚至分散企业精力，使之无法完成主要目标。同时，企业还要考虑是否拥有在该细分市场获胜所应具备的人财物资源、企业信誉及管理水平，即企业实力。无论什么样的市场，企业要想成功，就必须具备这些实力，否则只能放弃。有了必要的实力，企业还要发挥优势地位，以压倒竞争对手。如果无法在该市场创造某种形式的优势地位，就不应该贸然而入。

除此之外，企业选择的目标市场还应该具有以下条件：市场的竞争不甚激烈，竞争对手少，或竞争者不易打入，或本企业在该市场的竞争中有绝对或相对的优势；通过适当的分销渠道可以接触和进入这一市场，否则不能作为目标市场；作为一个企业的目标市场，除应具备以上条件外，更重要的是它必须与企业的战略目标相一致，与企业的资源相适应，才能充分体现其价值。

（三）目标市场选择的策略

1. 无差异营销

无差异营销策略指企业不进行市场细分，而把整体市场作为目标市场。它强调市场需求的共性，忽略其差异性。企业为整个市场设计生产单一产品，实行单一的市场营销方案和策略，迎合绝大多数顾客的需要。例如，早期美国可口可乐公司就是采用这种无差异策略的典范。我国第一汽车制造厂在经济体制改革以前也是采用这种策略，生产单一的解放牌中型卡车，满足整体市场的需要。

无差异营销策略的优点是品种单一，适合大批量生产，发挥规模经济的优势；可以降低生产、存货和运输成本；缩减广告、推销、市场调研和市场细分的费用，进而以低成本在市场上赢得竞争优势。无差异营销的缺点是应变能力差，一旦市场需求发生变化，难以及时调整企业的生产和市场营销策略，特别是在产品生命周期进入成熟阶段后，显得竞争手段过于单一，因而风险较大。

无差异营销策略适宜于企业资源雄厚，产品通用性、适应性强，差异性小，以及市场类似性较高且具有广泛需求的产品，如通用设备、标准件以及不受季节、生活习惯影响的日用消费品。

2. 差异性营销

差异性营销策略指企业将整体市场细分后选择两个或两个以上，直至所有的细分市场作为目标市场，并根据不同细分市场的需求特点分别设计、生产不同的产品，采取不同的营销组合手段，制定不同的营销组合策略，有针对性地满足不同细分市场顾客的需求。如宝洁公司就是长期采取差异性营销策略的典范，它的洗发水、洗衣粉、护肤品都有许多品种，针对不同顾客的需要。

差异性营销策略的优点是：面向广阔市场，满足不同顾客需要，扩大销售量，增强竞争力；企业适应性强，富有周旋余地，不依赖一个市场一种产品，可以做到"东方不亮西方亮"。缺点是由于小批量、多品种生产，要求企业具有较高的经营管理水平；由于品种、价格、销售渠道、广告、推销的多样化，使生产成本、研发成本、存货成本、销售费用、市场调研费用相应增加，降低了经济效益。所以在选择差异性营销策略时要慎重，应比较运用此策略所能获得的经济效益是否能够抵消或超过成本的提高。

企业选择差异性营销策略时，不一定要面向整体市场中的每一个细分市场，可以根据具体情况选择几个细分市场作为企业的目标市场。

（1）完全差异性营销策略。即企业将整体市场细分后的每一个细分市场都作为目标市场，并为各目标市场生产和提供不同的产品，分别满足不同目标顾客的需求。例如，某一服装厂分别为中老年、青年、少年三个目标市场提供不同面料、款式、尺寸的外衣、内衣、衬衫。

（2）市场专业化策略。企业为一个目标市场即同一类顾客群，提供多种产品，满足这一类顾客对产品的不同需要。例如，为青少年市场提供外套、长裤、T恤；为农村市场提供化肥、农药、农用薄膜。这种策略的优点是适当缩小市场面，有利于发挥企业生产技术优势，生产多种产品以满足目标市场顾客的不同需要，扩大销售量，增加销售收入，避免生产单一产品可能造成的弊端。

（3）产品专业化策略。企业以对同类产品有需求的若干不同细分市场作为目标市场，为不同的目标市场提供同类产品。例如，为军队、武警部队提供防弹衣；为各行业提供不同规格的电动机。这种策略的优点是产品高度专业化，有利于发挥技术和规模优势，避免多角化经营的一些弊端，同时，企业又保持了较宽的市场面，扩大了周旋的余地。

（4）选择性专业化策略。选择性专业化策略也称为散点式专业化策略，是指企业在市场细分的基础上，结合企业实际情况，有选择地放弃部分细分市场，而选取若干有利的细分市场作为目标市场，并为各目标市场提供不同的产品，实行不同的营销组合策略。例如，为消费者市场提供家用缝纫机；为成衣制造业提供锁眼机；为包装业提供包装缝纫机。这种策略的优点是避免四面出击、分散力量，使企业集中精力开拓有利的细分市场，简化营销工作，节省费用，降低成本。

3. 集中性市场营销策略

集中性市场营销策略指企业集中所有力量，在某一细分市场上实行专业生产和销售，力图在该细分市场上拥有较大的市场占有率。企业运用此策略是遵循"与其四面出击，不如一点突破"的原则。例如，德国的大众汽车公司集中于小型汽车市场的开拓和经营，美国的惠普公司专攻高价的计算机市场，都是集中市场营销的成功范例。集中市场营销因为服务对象比较专一，企业对其特定的目标市场有较深刻的了解，可以深入地发掘消费者的潜在需要；企业将其资源集中于较小的范围，进行"精耕细作"，有利于形成积聚力量，建立竞争优势，可获得较高的投资收益率。但这种策略风险较大，一旦企业选择的细分市场发生突然变化，如消费者偏好转移或竞争者策略的改变等，企业将缺少回旋余地。一般大部分中小企业采用这种营销策略。

各种目标市场策略各有利弊，企业在营销实践中选择何种市场营销策略，主要取决于所经营的商品、市场情况以及企业自身条件，还需要考虑其他一些因素的影响。

（1）企业资源，选择运用什么样的目标市场营销策略，在很大程度上取决于企业的资源状况。如果企业的资源雄厚，可以考虑实行差别市场营销策略；反之，如果企业人、财、物等资源不足，实力薄弱，最好采用集中性目标市场营销策略。无差异性市场营销策略和差异性市场营销策略都要求企业具有一定的资源条件。

（2）产品特点和性质，指产品是否同质、能否改型变异。企业的产品如果是同质的或相似的产品，如食盐、大米、钢铁等，可以实行无差别市场营销策略；反之，如果企业产品是设计可以变化，花色、品种、规格、型号等有所差异的产品，如照相机、汽车、家用电器、服装等，则易于实行差异化市场营销策略或集中性市场营销策略。

（3）产品市场生命周期。当企业介绍一种新产品进入市场时，通常只介绍一种或几种产品款式，此时宜于实行无差异性市场营销策略，或者集中力量为某一个市场部分服务,实行集中性市场营销策略;当产品进入成长阶段,企业通常都实行差异性市场营销策略,以提高竞争力,开拓新市场;而成熟期和衰退期可以集中性策略为主。

(4)市场特点和性质。如果市场上所有的购买者都有相同的爱好,在每个时期购买量相同,对市场营销刺激的反应也一样,这就是说市场是相似的或同质的,在这种情况下,企业可实行无差异性市场营销策略;反之,则宜于实行差异性市场营销策略或集中性市场营销策略。

(5)竞争状况。企业采用何种市场策略,往往要视竞争对手的目标市场策略而定,通常应与竞争者相区别。如果竞争对手实行无差异性'市场营销策略,企业一般应实行差异性市场营销策略。如果一个大的竞争对手已经实行差异性市场营销策略,企业再实行差异性营销策略就难以取胜,因而应当进行更有效的市场细分,实行集中性的市场营销策略,并以此策略占领市场。

二、企业市场定位

(一)企业市场定位战略

营销者可以遵循以下几个定位战略。

1. 根据产品本身的特性进行定位

随着商品经济的发展,差异不大的同类产品大量出现,因而应采用突出产品特性的定位。如根据产品的特点,本田城市在广告中宣传它的低廉的价格,宝马则突出它良好的性能。还可以根据产品提供的利益进行定位;如高露洁宣传它能够使牙齿更坚固,小护士突出它的防晒功能。此外还可以根据使用者进行定位,如哈尔滨制药六厂的钙中钙成功地定位于中老年人的补钙佳品。

2. 针对竞争者的产品进行定位

针对竞争者的产品进行定位,即针对竞争者状况进行定位。可以针对竞争者进行反向定位;还可以针对竞争者进行对抗定位,如花旗银行威世信用卡在广告中直接把矛头对准美国运通卡,提出"你最好带上威世卡,因为他们不带美国运通卡";也可以采取回避竞争者的定位。

3. 根据不同的产品种类进行定位

例如,一些人造黄油针对白脱奶油定位,另一些则针对食用油定位。

4．根据消费者的特色定位

即根据不同子市场的消费者的不同需求定位。如服装业可根据男士和女士的不同偏好、不同年龄消费者的不同服装偏好、不同职业消费者对服装需求的特点、不同收入水平消费者对服装需求的差异进行定位。

（二）企业市场定位步骤

1.市场定位的步骤

市场定位可以通过明确潜在竞争优势、选择核心竞争优势定位和正确发挥企业的定位概念三个步骤实现。

2．明确潜在竞争优势

这是市场定位的基础。对企业自身条件进行分析，通常企业的竞争优势表现在两方面，即成本优势和产品差别化优势。成本优势使企业能够以比竞争者低廉的价格销售相同质量的产品，或以相同的价格水平销售更高质量水平的产品。产品差别化优势是指产品独具特色的功能和利益与顾客需求相适应的优势，即企业能向市场提供的在质量、功能、品种、规格、外观等方面比竞争者能够更好地满足顾客需求的能力。为实现此目标，企业首先必须进行市场研究，切实了解目标市场需求特点以及这些需求被满足的程度。一个企业能否比竞争者更深入、更全面地了解顾客，这是能否取得竞争优势、实现产品差别化的关键。另外，企业还要研究主要竞争者的优势和劣势，知己知彼，方能战而胜之。可以从以下三个方面评估竞争者：一是竞争者的业务经营情况，比如估测其近三年的销售额、利润率、市场份额、投资收益率等；二是评价竞争者的核心营销能力，主要包括产品质量和服务质量的水平等；三是评估竞争者的财务能力，包括获利能力、资金周转能力、偿还债务能力等。

3．选择企业核心竞争优势定位

对企业来说，并非所有的竞争优势在市场定位时都有用，并非所有的差异化都值得推广。企业市场定位的成功与否，在于企业能否抓住最重要的优势，并加以有效传播。所谓核心优势就是与主要竞争对手相比（如在产品开发、服务质量、销售渠道、品牌知名度等方面），在市场上可获取明显的差别利益的最重要的竞争优势。显然，这些优势的获取与企业营销管理过程密切相关。所以识别企业核心优势时，应把企业的全部营销活动加以分类，并对各主要环节在成本和经营方面与竞争者进行比较分析，最终定位和形成企业的核心竞争优势。

4．正确发挥企业的定位概念

准确传播企业的定位概念，显示企业竞争优势。企业在市场营销方面的核心优势不会自动地在市场上得到充分表现。企业做出市场定位决策后，需要采取一定的方法和步骤向目标顾客准确地传播企业的定位概念。企业可以通过制定明确的市场战略来充分表现其优势和竞争力，比如大力开展广告宣传传导企业的定位概念，使企业核心优势逐渐形成一种鲜明的市场概念，并使这种概念与顾客的需求和追求的利益相吻合，使目标市场顾客对企业的定位选择有明确清晰的把握。

（三）企业市场定位方式

1．对抗定位

对公司的产品进行设计，使之在目标顾客心目中占有一种"与在市场上占据支配地位的、亦即最强的竞争对手相对立"的特有的位置。例如，可口可乐与百事可乐之间持续不断地争斗，"汉堡包王"与"麦当劳"对着干等等。在市场上已经有牢固地位的公司存在时，实行对抗性定位会有比较大的风险，如"汉堡包王"就在对抗中败下阵来，因此实行这种定位，必须清醒估计自己的实力并确定合理的目标。

2．避强定位

指的是采取迂回的方式，避开强有力的竞争对手的市场定位。其优点是：能够迅速地在市场上站稳脚跟，并能在消费者或用户心目中迅速树立起一种形象。由于这种定位方式市场风险较低，成功率较高，常常为多数企业所采用。避强定位的经典案例是七喜的定位：由于可口可乐在可乐业拥有强大支配力，并没有给其他品牌留下很大的发展空间，在这种情况下，七喜公司推出了反其道而行之的定位战略，以避开强劲的竞争。它推出了"非可乐"的汽水，成为定位时代的一项伟大创意，在实行了"非可乐"的定位后，一第一年的销售额猛地增加了10%。

3．反向定位

在当今竞争激烈的市场上，有时竞争对手的形象可能和自己旗鼓相当，也可能比自己卓越。在这种情况下，反向定位不失为一种比较理想的定位方式。Avis 的"反向定位"作为一个经典案例载入了营销史册。

Avis 是美国汽车租赁业的第二名，它提出了这样的口号："Avis 只是汽车租赁业的老二。为什么选择我们呢?因为我们更努力。"在提出这个口号之前的连续 13 年里，Avis 一直在亏损，于是它承认自己应该排在本行业的第二位，提出上述口号以后，它便每年都在盈利。

4．重新定位

重新定位是指企业采取特定的营销组合，改变目标顾客对其原有的印象，使目标顾客对其产品新形象有一个重新的认识过程。

当企业产品在市场上的定位出现偏差，产品在目标顾客心目中的位置和企业的定位期望发生偏离时，企业往往需要重新定位。重新定位还有可能是由于消费者偏好发生变化，从喜爱本企业某品牌转移到喜爱竞争对手的某品牌，或者竞争者推出的产品定位于本企业产品的附近，侵占了本企业品牌的部分市场，使本企业品牌的市场占有率有所下降。

市场重新定位对于企业适应市场环境是必不可少的，但在进行重新定位时，必须考虑由此产生的成本以及预期效益。

5．对竞争对手进行再定位

为了准确地确定产品和品牌，有时还可以给竞争对手进行重新定位。例如 Raphael 开胃葡萄酒的广告中显示了一瓶标有"法国制造"的 Raphael 和一瓶标有"美国制造"的 Dubonnet。标题写着"每瓶少花 1 美元，你可以享受进口产品"。这则广告让人们惊讶地发现：Dubonnet 原来是美国的产品。可以说，Raphael 广告的制作者成功地对竞争对手 Dubonnett 进行了再定位。表面来看，这种方式并不是对自己产品或品牌的直接定位，但是，它却可以间接地达到这个目的。

第三节　企业市场营销战略导向

一、创造顾客价值

（一）企业营销顾客价值内涵

顾客价值理论是研究构成顾客价值的基本内涵和消费者评价顾客价值的基本标准的理论。一般来说，顾客不会买自己不需要的东西，消费者购买某一产品或服务，心里总有一个价值的期望值。从理论上讲，顾客价值理论基于营销学权威菲利普·科特勒所提出的"顾客让渡价值"或称"顾客认知价值"理论。

今天的顾客面对如此众多的产品和品牌、价格和供应商，他们将如何进行选择呢?科特勒指出，顾客能够判断哪些供应品将提供最高价值。在一定的搜寻成本和有限的知识、灵活性和收入等因素的限定下，顾客是价值最大化的追求者。他们形成一种价值期望，并根据它行动。他们会了解要购买的商品是否符合他们的期望价值，这将影响他们的满意度和再购买的可能性。科特勒认为，顾客将从那些认为能提供最高顾客让渡价值的公司购买商品。

一般而言，消费者在购买的时候，都会有意或无意地将物品或服务的品质与价格做比较，以衡量是否物超所值。如果效用大于成本，即顾客让渡价值为正数时，有可能进行购买决策，实现购买行为;如果效用小于成本，即顾客让渡价值为负数时，则可能会放弃购买决策，很难发生购买行为。因此，企业为了在竞争中战胜竞争对手，吸引更多的潜在顾客，就必须以满足顾客的需要为出发点，或增加顾客所得利益，或减少顾客消费成本，或两者同时进行，从而向顾客提供比竞争对手具有更多顾客让渡价值的产品，这样才能使自己的产品引起顾客的注意，进而购买企业的产品。

顾客让渡价值概念的提出为企业经营方向提供了一种全面的分析思路。首先，企业要让自己的商品能为顾客接受，必须全方位、全过程、纵深地改善生产管理和经营，企业经营绩效的提高不是简单行为的结果，而是多种行为的函数。以往我们强调营销只是侧重于产品、价格、分销、促销等一些具体的经营性的要素，而让渡价值却认为顾客价值的实现不仅包含了物质的因素，还包含了非物质的因素;不仅需要有经营的改善，而且还必须在管理上适应市场的变化。其次，企业在生产经营中创造良好的整体顾客价值只是企业取得竞争优势、成功经营的前提，一个企业不仅要着力创造价值，还必须关注消费者在购买商品和服务中所倾注的全部成本。由于顾客在购买商品和服务时，总希望把有关成本，包括货币、时间、精力和精神降到最低限度，而同时又希望从中获得更多实际利益，因此，企业还必须通过降低生产与销售成本，减少顾客购买商品的时间、精力与精神耗费从而降低货币与非货币成本。显然，充分认识顾客让渡价值的含义，对于指导工商企业如何在市场经营中全面设计与评价自己产品的价值，使顾客获得最大程度的满意，进而提高企业竞争力具有重要意义。

(二) 顾客价值创造与顾客满意

顾客满意是消费者购买和使用产品之后将该产品的感知效果与他的期

望值相比较所形成的愉悦或失望的感觉状态。而隐藏在顾客满意背后的主要因素之一就是顾客价值。企业让渡给顾客的价值越多，顾客则越满意，再次购买的可能性也就越强。

那些能够为顾客提供比其竞争对手更多价值的公司可以赢得更高的顾客满意度，在竞争中更具优势。因为顾客在购买某种产品时，不仅会考虑产品本身的价值性能，还会考虑企业能提供的服务和企业形象；不仅会考虑购买该产品所要付出的货币价格，还会考虑购买该产品所投入的时间、精力、购买的便利性以及今后的使用成本。所以，通过提高顾客总价值和降低顾客总成本，可以提高顾客的让渡价值，使顾客满意。其方式有下列三种。

第一，通过提高总顾客价值来使顾客满意。企业通过提高产品价值、服务价值、人员价值和形象价值来增加顾客让渡价值，从而增加顾客满意度。

第二，通过降低总顾客成本来使顾客满意。企业通过降低货币成本、时间成本、精力成本和体力成本来增加顾客让渡价值，从而提高顾客满意度。

第三，企业通过提高总顾客价值与降低总顾客成本来使顾客满意。企业通过同时提高产品价值、服务价值、人员价值、形象价值和降低货币成本、时间成本、精力成本、体力成本来增加顾客让渡价值，从而提高顾客满意度。

二、管理顾客忠诚

（一）从顾客满意到顾客忠诚

在现代营销理念中，许多学者认为"顾客满意"是营销的最高境界。实际上，要真正达到最高境界，必须要做到从顾客满意到顾客忠诚转变。因为顾客满意还只是一种价值判断，而顾客忠诚是顾客满意的行为化。实际上，顾客满意只是顾客忠诚的前提，顾客忠诚才是真正的结果。

长期以来，大多数管理者认为市场份额是获取利润的原动力。20 世纪 70 年代中期的 PIMS（Profit Impact of Market Share）模型支持了这种观点。但 Earl Susser 教授发现这种观点不一定是正确的，他发现一个与高利润和快速增长更密切的相关因素是顾客忠诚，而不是市场占有额。

顾客忠诚就是指顾客对一企业或品牌的产品或服务的认同和信赖，它是顾客满意不断强化的结果，与顾客满意倾向于感性感觉不同，顾客忠诚是顾客在理性分析的基础上的认同和信赖。一般顾客忠诚可分为以下 4 个层次。

1. 行为忠诚

在顾客忠诚的早期研究中，学术界侧重于研究忠诚者的行为，行为忠诚的顾客反复购买某个品牌的产品和服务，他们的购买决策行为是一种习惯性反应行为，他们不留意竞争对手企业的营销活动，不会问津竞争对手企业的信息。只有在企业提供的产品或服务成为顾客不可或缺的需要和享受时，行为忠诚才会形成，但值得注意的是，这种消费者还习惯在对企业的关注中寻找巩固信任的信息来求证不信任的信息以防受骗，因此，企业应努力保持为顾客营造一个良好的市场，确保其不被欺骗。

行为性忠诚反映了顾客的实际消费行为。但是企业只计量顾客的行为性忠诚，无法解释顾客反复购买某种产品和服务的深层次原因。

2. 情感忠诚

情感性的顾客忠诚包含顾客对买卖双方关系的情感投入，是顾客在多次满意的消费活动基础上形成的对企业的偏爱和情感。

情感忠诚可衡量顾客对本企业的态度，反应顾客忠诚的情感和心理依附特征。但是出于种种原因，喜欢某个企业的顾客不一定就会购买这个企业的产品和服务，因此，它很难区分真正的忠诚者与潜在的忠诚者。

3. 认知忠诚

除行为成分和情感成分之外，顾客忠诚还应包含一个认知的成分。认知忠诚直接基于产品和质量而形成，因为这种产品或服务满足了他的个性化需求，这种信任居于基础层面，它可能会因为志趣、环境等的变化而转移。企业可以从以下几个方面衡量顾客的认知忠诚：第一，顾客在购买决策中首先想到本企业产品或服务的可能性；第二，顾客在众多的产品和服务中首先选择本企业产品和服务的可能性；第三，顾客可以承受的产品和服务的价格浮动范围；第四，与竞争对手企业相比，顾客更偏爱本企业的程度。

4. 意向性忠诚

与顾客目前态度和行为相比，企业管理人员更关心顾客将来的行为，但顾客购买意向并不一定会转变为顾客的实际购买行为。顾客的意向性忠诚既包含顾客与企业保持关系的意愿，也包含着顾客追求自己偏好品牌的动机。

（二）衡量顾客忠诚度

客户对企业品牌的忠诚度，可以通过以下指标来衡量。

1. 客户重复购买的次数

客户重复购买的次数是指在一定时期内，客户重复购买某种品牌产品的次数。客户对某品牌产品重复购买的次数越多，说明对这一品牌的忠诚度越高，反之则越低。企业为了便于识别和纳入数据库管理，一般将忠诚客户量化为连续 3 次或 4 次以上的购买行为，但现实中，不同消费领域、不同消费项目有很大差别，因此不能一概而论。

2. 客户挑选时间的长短

客户购买都要经过对产品的挑选，但由于信赖程度的差异，对不同品牌的挑选时间是不同的。通常，客户挑选的时间越短，说明他对该品牌的忠诚度越高，反之，则说明他对该品牌的忠诚度越低。

3. 客户对价格的敏感程度

客户对价格都是非常重视的，但这并不意味着客户对价格变动的敏感程度都相同。事实表明，对于喜爱和信赖的产品或者服务，客户对其价格变动的承受能力强，即敏感度低。而对于不喜爱和不信赖的产品或者服务，客户对其价格变动的承受力弱，即敏感度高。因此，可以依据客户对价格的敏感程度来衡量客户对某品牌的忠诚度。对价格的敏感程度高，说明客户对该品牌的忠诚度低。对价格的敏感程度低，说明客户对该品牌的忠诚度高。

4. 客户对竞争品牌的态度

一般来说，对某种品牌忠诚度高的客户会自觉地排斥其他品牌的产品或服务。因此，如果客户对竞争品牌的产品或服务有兴趣并有好感，那么就表明他对该品牌的忠诚度较低，反之，则说明他对该品牌的忠诚度较高

5. 客户对产品质量的承受能力

任何服务或产品都有可能出现各种质量问题，即使是名牌产品也很难避免。如果客户对该品牌的忠诚度较高，当出现质量问题时，他们会采取宽容、谅解和协商解决的态度，不会由此而失去对它的偏好。相反，如果客户对品牌的忠诚度较低，当出现质量问题时，他们会深感自己的正当权益被侵犯了，从而会产生强烈的不满，甚至会通过法律方式进行索赔。当

然，运用这一指标时，要注意区别事故的性质，即是严重事故还是一般事故，是经常发生的事故还是偶然发生的事故。

6. 客户购买费用的多少

客户对某一品牌支付的费用与购买同类产品支付的费用总额的比值如果高，即客户购买该品牌的比重大，说明客户对此种品牌的忠诚度高。反之，则低。

（三）培养顾客忠诚度

现代企业要培养顾客忠诚，首先必须了解顾客忠诚形成的机制。顾客忠诚形成的最根本基础在于顾客的完全满意，而产品质量、服务、价格、企业形象等则是影响顾客忠诚形成的直接因素。

1. 关注顾客满意

透过顾客忠诚的定义可以看出，顾客忠诚是在顾客满意基础上形成的。顾客之所以对某企业的产品或服务表现出忠诚，视其为最佳或唯一选择，首先是因为他对该企业提供的产品和服务满意。在经历了几次满意的购买和使用之后，顾客的忠诚度就会随之提高。许多事实证明.满意程度的差别会导致顾客忠诚程度的更大差别。1991 年，施乐公司曾对全球 48 万个用户就公司的产品和服务进行满意度和忠诚度调查，评分标准从 1 分到 5 分，分别表示非常不满、不满、一般、满意、非常满意（完全满意）。结果发现，给 4 分（满意）和给 5 分（完全满意）的顾客，其忠诚度相差很大——给 5 分的顾客购买施乐设备的倾向性高出给 4 分顾客的 6 倍!这一发现使施乐后来一直致力于顾客完全满意的战略计划的制订和实施，大幅度提高了顾客忠诚度。

实践证明，在高度竞争的行业中，顾客忠诚对比顾客满意的弹性很大，只要顾客满意度稍稍下降一点，顾客忠诚度就会急剧下降。企业必须尽力使顾客完全满意，否则就不易吸引顾客再次购买。在低度竞争的行业里，顾客完全满意与否对顾客忠诚度的影响较小。但这只是一种表面现象，因为在低度竞争情况下，顾客的选择空间有限，即使不满意，他们往往也会出于无奈而继续使用本企业的产品和服务，表现为一种虚假忠诚。随着专有知识的扩散、规模效应的缩小、分销渠道的共享、产品差异的消失等，顾客的不忠诚就会通过顾客大量流失表现出来。这表明无论竞争情况怎样，顾客忠诚与顾客满意的关系都十分密切。只有顾客完全满意，才会产生强烈的顾客忠诚。

2．利用四类忠诚的关系进行顾客忠诚的提升

消费者行为学者认为，在消费者态度形成过程中，消费者会首先接收产品和服务的信息（认知）；消费者对这些零碎而复杂的信息进行重新整理、加工之后，会对产品和服务做出肯定或否定的综合评估（感情评估）；然后消费者在这一综合评估的基础上产生某种行为意向。因此，奥立佛指出，顾客忠诚的形成过程是先有认知性忠诚，其次是情感性忠诚，再次是意向性忠诚，最后是行为性忠诚。

3．顾客忠诚的解决方案

顾客满意是驱动顾客忠诚的关键要素，在顾客满意的基础上发展出一系列忠诚解决方案。作为一个完整的系统，这些忠诚方案涵盖了从产品研发、定位、制造、沟通、宣传到售后服务的整个营销过程。

（1）寻找正确的顾客。顾客天生就存在着差异。大众营销策略在忠诚的范畴里根本就不适用，因为并不是所有的顾客都适合成为忠诚的顾客，忠诚是一种特权。因此，获得顾客忠诚的重要一步就是对顾客进行细分，寻找正确的顾客。

（2）提升顾客感知价值。价值的概念对营销活动的成功至重要，它也是获得顾客忠诚的主要因素。很简单，正是由于价值影响了顾客对企业的评价，所以如果企业打算吸引并且保留住顾客，那么他们就应该了解如何为顾客创造和增加价值，以及如何让顾客感知到企业的努力这两个基本的问题。

（3）优化顾客体验。体验是企业给予顾客感官刺激、信息和情感等要点的集合。公司必须不断优化顾客的体验，因为只有激起顾客的兴趣，让他们兴奋，才能把他们从满意的购买者变成积极的传道者。

（4）整合营销沟通。通过运用整合营销沟通，企业可以与顾客之间建立起双向、互动的对话关系，向顾客提供服务，从顾客角度出发，考虑从产品或服务设计、内部流程到顾客服务乃至购买的全过程。这种发端于顾客的营销沟通活动基于对顾客的深刻理解和密切关注，并寻求与顾客之间的长期关系和信任。顾客也往往会对这样的组织表现出更高的忠诚，因为融洽的关系、熟悉的氛围和彼此的了解会牢牢牵住顾客的心。

（5）传递完美质量。产品或服务的质量是影响顾客忠诚的重要因素。在很多时候，顾客习惯于把质量作为检验产品价值的唯一因素。因此，向

顾客传递完美质量是获取顾客忠诚的必要前提。

（6）互动与学习。互动与学习的方案源于以顾客为尊的古老哲学。在当今的市场形势下，企业唯有充分了解顾客，才能全面而又有针对性地满足其需求，才能让他们满意，从而获得他们的忠诚。互动在形式上表现为企业与顾客之间进行信息、情感和价值的交流，而其核心产品就是学习，即通过双向交往，企业了解和掌握顾客需求，进而改进产品，优化内部的流程。

（7）定制个性化服务。无论是传统顾客还是当今顾客，对个性化的服务都情有独钟。因此，企业获取忠诚的一个重要手段，就是通过定制化方式生产出专属特定顾客的服务或产品。唯有如此，公司才能提供给顾客高于其他竞争者的价值和吸引力。

第四节　企业市场营销管理信息化发展研究

从目前来看，伴随着经济的快速发展，尤其是在经济全球化与信息化的发展背景下，企业为了获得最大的利润，使得信息化管理在市场营销中发挥的作用越来越大。当今社会不断发展，市场竞争也越发激烈，到如今市场竞争已经不再是传统模式下的产品竞争，而是互联网时代背景下对于信息的竞争。依托这一时代背景，各行各业都可以利用信息数据构建起强大的数据库，在对数据进行分析与整合的基础上，完成对客户的行为分析，实现更大的市场占有率。当今时代的发展，已经变成了互联网的发展，信息技术的发展。反观我们的日常生活，不论是淘宝还是唯品会，饿了么还是美团，都在互联网时代背景下，通过信息数据来对顾客群体进行分析。每逢促销期间，都会有眼花缭乱的打折方式吸引着众多的消费群体消费，以此来获得巨大的利润空间。

一、市场营销信息化面临的机遇与挑战

市场营销是一项通过推出各种方式来帮助产品打开市场，获得市场占有率的工作，市场营销部的工作人员需要做的大量工作就是对将要推行某产品的地区潜在消费群体进行行为分析，抓住其心理特征，从而使其成为真正的购买力。在这一背景下，"互联网+"的出现给这一行业带来了新的生

机与活力。

（一）市场营销信息化面临的机遇

在传统的市场营销活动中，工作人员需要进行大量的调研工作，结果往往并不如人意，或者是出现投入多产出少的情况。在通过大量的工作后，反映出来的效果以及实际的购买群体小于预期估计的情况时常发生。这一情况甚至成为每一家企业

在市场营销的过程中遇到的瓶颈，在这种背景下，"互联网+"时代的到来，为每一家企业都带来了新的发展思路。这主要表现在：首先，利用"互联网+"的时代背景，能够实现更大面积的产品宣传覆盖。传统的宣传模式并不能有效地实现某一地区的全覆盖或者是大面积覆盖，但是"互联网+"能够实现产品宣传的全覆盖或者是大面积覆盖，这是由其本身的特性决定的。互联网具有传输范围广、速度快的特点。其次，利用这一时代背景，能够打开产品销售的门路。以往的市场营销过程中，主阵地是实体店，但是在互联网这一时代背景下，人们消费的主阵地变成了网上，不仅是各大购物网站，只需要直播带货就能够完成产品的营销。最后，面对这一时代背景，市场营销也应当不断转变思路，构建起新型的市场营销模式，带动这一行业的进步与发展。

（二）市场营销信息化面临的挑战

时代的发展是一把双刃剑，既有好处，也有弊端。面对互联网时代背景下带来的新契机，要做到居安思危，有忧患意识，对这一契机背后隐藏的挑战进行分析，探讨应当如何予以事先解决。这些挑战可以总结如下：首先，产品的推广仍然受限。举例说明：天翼家（虚拟形象）的美妆产品能够通过网络宣传以及直播带货等形式进行宣传，大众基于对带货主播的信任会下单，但是，其他公司的美妆产品同样可以通过这种方式进行宣传，完成销售任务。竞争从线下转到线上，对于核心竞争力的挖掘，仍然是产品竞争的核心。其次，由于"互联网+"的时代背景，足不出户，一根网，就可以将所有人进行联结。小红书软件及各种评论网站的出现，这种环境能够给产品带来良好的宣传，但是一旦出现问题，也会对产品予以沉重的打击。舆论的力量是巨大的，一旦出现问题，对于一个品牌而言，其打击是不容小觑的。最后，面对眼花缭乱的市场推广方式，如何选择成为问题。在众多的销售渠道中进行选择，需要综合评比每一个销售渠道的优势与劣势，表现在流量使用中，

加之对本企业产品的营销推广计划安排才能进行选择，但是想要获得更高的市场占有率，如何进行推广就成为需要思考的问题。

三、市场营销信息化管理措施

在新的时代背景下，如何保证市场营销能够获得好的效果，就要充分地对信息进行管理，对当前的信息化管理模式进行管理。

（一）做好品牌形象管理

想要在激烈的市场竞争中站稳脚跟，外在的营销模式、营销方案以及平台的选取都很重要，但是更为重要的是产品本身，也是品牌本身。在与平台沟通接洽的过程中，如果品牌本身声名狼藉，那么就会使得平台对此品牌产生排斥，即使此产品获得平台的认可，在登陆平台之后，声名狼藉的品牌形象下，其产品的营销也不会收获效果。也有一些品牌的知名度不高，那么如何培养知名度，可以从以下几个方面进行：第一，建立主流网站的官方账号，由专人进行审核，还可以在官方账号中建立讨论区。第二，参加公益活动，为品牌树立形象。作为社会的一部分，企业理应负担起对于社会的责任。第三，对于企业文化的输出。良好的企业文化输出能够帮助其建立良好的企业形象。

（二）做好舆论引导

舆论的压力是巨大的。在当前的市场竞争过程中，虽然有国家对于不正当行为的规制，但是实践中难免有企业采取非正常手段进行不正当的竞争行为。这表现为对竞争企业的形象抹黑。对于此种情况，应当做好舆论的引导工作，当然，前提是此品牌具有较好的品牌形象。在发生恶性事件时，披露真相、应该秉持的基本态度。如果一个企业本就不具备品牌形象，那么在发生恶性事件时，就无法挽回企业的形象。另外，对于企业生产经营环节中出现问题的情况，应当做好危机公关与应急预案的建设。在发生问题之后，本着诚恳的态度按照方案进行应对，疏导舆论的负面影响。

（三）做好消费者管理

独特的消费者管理模式能够帮助企业在生产经营过程中获得持久的竞争力。当前，很多品牌都会对消费者进行管理，制定单独的会员管理模式，使消费者获得更加优质的体验，带动消费群体的消费增长，带动企业的利润增长。举例说明：完美日记品牌方为线上购买的顾客建立了微信互动群，在群内由管理员进行管理，有不定期的福利，另外还有异业服务的优惠。任何一位顾客出现了皮肤问题或者是彩妆选择困难的问题，在群里都可以得到解答。此外，由用户共同组建的微信群也能使顾客获得更加真实的反馈，反而更加能够增加其对于品牌的信任度。

二、市场营销信息化的发展策略

在当前的时代背景下，进行市场营销应当以传统加现代的方式进行。即使是在新型的制度背景下，对于企业的传统经营模式也不应当完全予以放弃，而是应当在现代化的背景下，与传统的营销模式相结合，建立新型的发展模式。具体的方式如下。

（一）选择合理的营销渠道

由于多种网络平台的出现，使得商品的销售渠道增多，选择合适的销售渠道变成了企业在销售过程中面临的一大难题。如果不加以分析，对所有的营销渠道都予以利用，可能会使得商品在竞争过程中产生各种各样的问题，甚至会影响到商品本身的品牌形象，产生难以挽回的损失。因此，必须对市面中所有的营销渠道予以分析，结合自身的品牌定位，对比后判断利用哪一种或者是哪几种的销售渠道进行销售能够获得较好的效果。举例分析，如果一项产品的定位销售群体是老年人，那么在小红书等软件中进行市场营销就显然有明显的战略失误；如果一项产品的定位销售群体是年轻女性，那么在小红书等受年轻女性热爱的软件中进行推广，必将会收获较好的效果。因此，应当在充分对本公司产品受众群体进行分析的基础上，对受众群体的行为模式进行分析，得出结论，判断哪一营销渠道能够获得最佳效果，而后予以推广。

（二）合理设计营销方案

在选择合适的营销渠道进行销售后，应当考虑采取何种方式进行营销，能够获得好的营销效果。营销方案的选取首先应当符合我国在商品销售过程中的法律、法规规定，不得以不正当手段进行生产经营，不得以违反法律法规的手段进行生产经营。其次，对于产品的营销方案设置应当充分吸取失败案例的经验教训，注意措辞。例如，魅可公司在口红售卖的过程中，将台湾划分在中国的领土之外，并没有将其作为中国的一部分。这一举动引起了我国人民的强烈愤慨与谴责,对于此种营销方案中未考虑到营销地区情况的失败案例,应当予以警惕。再次,我国市场监督管理局日前对抖音处以顶格处罚,其原因是抖音软件在传播信息的过程中传播污言秽语,扰乱社会风气,对我国青少年的身心发展造成负面影响。最后,应当结合本产品的实质,对本企业的产品树立独特的品牌形象,制定专属的营销方案。创新就是生产力,对营销方案的创新能够帮助一项产品立足实践,实现发展。

(三)借助大数据辅助营销

不论是销售渠道的选择还是销售方案的确定,在这一过程中都可以利用大数据进行辅助。对于销售渠道的选择:

第一,可以利用大数据对每一个平台的流量进行调查,判断此平台的市场潜力。

第二,对同类产品的销售量进行调查,如果同类产品能够获得较高的关注度与销售数量,那么就能够保证本公司产品的销售基数。

第三,对使用平台的人群进行大数据分析,以判断是否适用于本产品的定位。

对于销售方案的制定:

第一,应当利用大数据对当前的产品销售方案进行调查,判断何种类型的销售方案能够获得好的营销效果。

第二,利用大数据模拟销售过程,对过程进行分析。

第三,及时对大数据的反馈结果予以分析,判断是否需要重新制定营销方案。

(四)构建多样化营销模式

上述内容针对产品精准定位的情况,但是对于一些产品而言,并不需要精准的渠道进行销售,在任何一个平台中都能够获得营销效果,其产品属于日常必备用品。这时应当充分依托互联网这一平台,对所有的平台进行调查之后,结合本公司的实力,先选取一家或者几家平台进行销售,在这一过程中逐渐渗入到别的领域进行生产营销,扩大产品的受众群体与覆盖面积,构建多样化的营销模式。

(五)加强营销网络建设

加强营销网络建设的前提是不断进行信息化水平的提升。如果信息化水平低，各方面的配置以及数据之间的交流不及时等情况，都会使得我国的营销网络建设过程不顺利，效果不佳。而想要进行营销网络建设的基础就是各大企业对其公司的信息化管理水平的提高，体现在具体的工作中应当表现为对于各种资源的分配与整合问题。不断对当前的企业信息化管理水平进行创新，判断当前的信息化管理水平是否有漏洞，应当如何与当前的企业营销工作做好对接，如何进行管理水平的提升，是否需要进行管理模式的改变等都是进行营销网络建设工作的前提。但是，这些工作并不能保证营销网络建设的顺利进行，只是起着奠定基础的作用。

在实际的营销网络建设过程中，对我国当前的实践进行调研的基础上发现，我国目前的营销网络建设处于较低水平，无法突破瓶颈。而出现这一问题的主要原因就是数据共享这一环节出现问题，数据之间缺少连接点与平衡点。如果数据不能真实反映营销的结果，那么这一数据就没有了意义。同时，如果数据不能为营销而服务，那么此数据的存在也就没有必要。因此，应当加强对于数据的管理与整合、分析，使其充分地为营销策略而服务。

第六章 企业财务管理及信息化发展

第一节 企业财务理论分析

一、企业财务管理的内涵

财务管理是企业管理的一个组成部分，它是根据财经法规制度，按照财务管理的原则，组织企业财务活动，处理财务关系的一项经济管理工作。

（一）财务管理的概念

财务管理是指经济活动的主体对资金运营进行的计划、组织、领导与控制，包括资金的收、支、运用、分配等方面的事务。财务管理的是指在既定目标下，对资金使用进行的规划和调节。

财务管理与我们的生活息息相关，渗透到日常生活的各个方面。我们购买商品，要从质量、价格、服务等多个角度对其进行综合评估，才能最终确定适合自己的商品。商品购买决策的过程，实际上就是我们对自己的经济活动进行规划和管理的过程。在家庭生活中，生活消费要结合家庭的收入情况合理安排，既要保证生活质量，又要保证收支平衡，有所结余。企业财务管理，与家庭财务关系的处理实际上有异曲同工之妙，只不过企业财务关系更为复杂，处理难度更大。

我们平时所讲的财务管理的主体是企业。企业每天都会发生资金的出入，财务管理是保证企业资金正常运转的基础。企业资金运作安全受到很多因素的影响，比如财务政策、价格波动、通货膨胀、利息率变化、全球经济波动、汇率的波动、资金的回收等。一旦遇到这些问题，企业资金流转就会出现问题，如果得不到及时的解决就会影响企业的正常经营。企业财务管理可以针对企业出现的各种财务问题做出科学预测，最大限度地避免企业资金运转不流畅的问题，保证企业的资金安全和经营安全。

从字面上分析"财务"两个字，就是有关财产的业务，具体来说，财务包括实物财产和货币财产两种形式。其中，对货币财产的管理就成为财务管理。货币财产的相关业务实际上就是一种资金运动，也可以成为财务活动，所以财务管理就是对资金运动（财务活动）进行管理。

（二）财务管理的特征

1. 广泛性

财务管理活动涉及企业的采购、生产、运输以及销售等各个环节，就企业内部而言财务管理就像一条无形的线将这些工作串联在一起。在企业运作过程当中，各个部门之间密切合作，存在千丝万缕的联系，尤其是在资金使用上各部门不产生经济联系的情况是不存在。每个部门在资金的使用上都要接受财务部门的监督，严格按照预算开展部门工作，提高资金的实用效率。财务管理部门与各个部门的密切联系使得它成了决策者获取各部门基本信息和工作进展的重要途径。

现代企业中的财务管理不再局限于调整和分配企业内部的资金使用上，企业外部间的各种合作事宜也必须依靠财务管理才能顺畅地实现。在市场经济时代，企业在市场上进行资金筹集，将经营所取得收益进行投资，这个过程中不同市场主体之间的经济联系都要依靠财务管理实现，比如企业与其股东之间，企业与其债权人之间以及企业与政府之间，企业与金融机构之间发生的经济联系都需要财务管理部门付出辛勤的劳动。

2. 综合性

现代企业制度之下，企业管理是一个综合性的、构成复杂的管理系统。生产、销售、设备、技术、人力等部门的管理体系综合到一起就是企业管理的大致面貌。企业内部系统之中的管理子系统都是从某个方面依据详尽数据对企业工作进行安排、调度，企业管理则是将这些部门的管理信息整合，以此为依据企业经营和管理的整体架构和发展方向进行把控和调整。财务管理是企业管理的一个方面，其所提供的数据资料和财务信息对决策者进行相关决策有着重要的作用，这一点与企业内部的其他管理部门并无太大区别。不同的是，资金作为企业生产与经营的关键要素，就像血液一样流淌在企业的各个管理链条当中，财务管理部门作为资金调整和使用分配的职能部门，还负担着监督企业各部门运营状况的重要职责，是一项复合性较强的管理部门。

3. 灵敏性

在现代经济环境下，企业既是面向市场的独立法人，也是市场竞争主体，必须承担市场竞争所带来的后果。企业经营管理目标是实现经济效益最大化，使资金得到最为合理、高效的使用，这是市场经济的基本要求，也是我国当前的基本国情和社会现代化建设的要求。就市场经济而言，盈利是企业存在的目的，财务管理以此为最高准则十分合理；从社会主义现代化建设来说，我国处于社会主义初级阶段，社会物质基础比较薄弱，为了早日实现跨越式发展，向社会主义小康社会挺进，企业必须肩负起自己的责任，为国家和人民创造更多的财富，为社会主义现代化建设打下坚实的物质基础。财务管理作为资金使用的分配者，对提高资金的使用效率有着不可推卸的责任，抓好财务管理就是抓好了企业发展的关键。

（三）财务管理的影响因素

对于企业财务管理来说，企业总体目标的制定是发挥着重要的基础性作用。然而，企业作为"契约之结"，是契约各方重复博弈的结果，契约各方的利益在这里都必须得到体现，如果发生损害任何一方利益的情况，都有可能使企业面临解散的风险。具体来说以下三个方面的利益集团影响财务目标的实现。

1. 系统性风险

按照财务主体的不同，风险可以分为系统性风险和非系统性风险两个主要种类。系统性风险是指财务运行客观存在一旦发生难以避免的风险，系统性风险大多是由企业外部因素引起的，企业在系统性风险中能够做的只能是尽力减少风险损失。系统性风险对企业正常的财务运作和资金流通都会产生影响，常规风险规避手段对其不起作用。企业财务常见的系统性风险主要有利率风险、汇率风险、购买力风险、经济周期风险、突发性行业或地区灾害风险、战争风险等。财务运作与经济周期密切相关，尤其是资本企业和金融企业，如果不能充分利用好国家宏观调控的政策红利，在利率上升、银根紧缩的经济时期进行投资、融资会造成高额的成本负担，大幅度降低投资收益比，这对企业财务目标的实现的影响是直接且深远的。

2. 利益主体因素

（1）企业所有者包括政府。影响企业财务管理目标的权益人决策是通过召开股东大会或者举行董事会完成的。企业所有的重大决策必须经过董事会或股东大会的通过才能生效，这种制度不仅为权益人的合法权益提供了保护，也制约着权益人对企业的经营的影响，因为只有一半以上的股东或者董事认同决策的内容，决策才能通过。政府作为行政机构有为企业生产经营提供各种政策服务，保证企业公平合理的竞争环境的责任，同样企业也必须履行自己的职责，向政府缴纳一定的税款，这样政府实际上参与到了企业利润的分配当中。因此，只要企业的盈利能力不断提升，才能吸引更多的投资者，才能为自己创造更好的经营环境。

（2）企业的债权人。企业在获得债权人资金之后，企业利用债权人的资金改善企业的经营。为了保证自己的本金和利息能够及时收回，一般会对企业资金的使用进行必要的监督。对于这些资金的使用，如果债权人对企业资金利用的方式有疑问，可以提出自己的意见，企业有责任对债权人的问题和疑惑进行解答。

（3）企业职工。企业的管理人员和员工从本质上来说都属于企业的职工，只是工作的性质和内容有所差异。他们付出自己的劳动，保证了企业的经营运转，企业必须根据其劳动的性质和质量给予他们相应的回报。可以说企业的财务都是由员工创造的，他们虽然不是企业的所有者，但一样拥有享受企业收益的权力，这种权力通过工资的形式实现。我国是社会主义国家，采取社会主义市场经济体制，我国企业必须肩负起自己的职责，将员工的利益放在重要的位置。

3. 结构性要素

股东、董事会以及企业管理层作为企业结构的高层，他们之间必须相互制约，找准好利益的平衡点。在我国，由于没有贯穿这三者的管理、监督机构，这三个高层结构的职能和人员大多数情况下会相互牵连，形成一种没有制约的绝对决策权，一旦决策失误企业财务管理将面临艰难的考验，直接影响财务目标的实现。

控股股东、投资股东、小股东之间的利益趋向是不同的，尤其是在股利政策的制定上，更是存在很大的分歧，控股股东当然希望企业向着更大的方向发展，投资股东则希望能从投资中快速受益，小股东不愿承担企业拓展所带来的风险，偏向保守。在所有权和经营权分离现代企业制度中，股东要与企业和企业管理层保持一定的距离，保证企业经营的独立性和专业性。企业的各项措施都是通过管理层实施的，企业运作效率的根本性保障要素是管理层的素质和效率。如果股东对企业经营进行过多的干预，崇尚个人魅力与英雄主义，不仅会引起管理者的反感，也会造成企业内部决策与管理措施的不统一，影响企业运作效率，更有甚者股东利用个人的权力随意消费企业财产，影响企业资金运作，造成财务目标的严重偏离。

4. 管理性要素

克劳修斯提出的熵定律是热力学第二定律，指出一个封闭系统能量只能不可逆地沿着衰减这个方向转化。1998 年我国学者任佩瑜提出管理熵的概念并构建了数学理论模型。所谓管理熵是指任何一种管理的组织、制度、政策、方法等，在相对封闭的组织运动过程中，有效的能量总是会不断地减少，与其相对应的无效能量总会不断增多，这个过程是无法逆转的。概括起来管理熵定律就是企业的管理效率随着时间的推移不断减少的规律，这个规律遵循一定的数学规律。从企业经营的环境要素来看，无论是企业内部环境的变化还是外部环境的变化都会引起企业管理效率的变化。

我们假设在一个相对封闭的企业内部，新的管理措施最开始时的效果非常明显，但是随着时间的推移，各项措施的实施环境和人们对待管理措施的态度会发生变化，管理的效率就会降低。企业管理效率不断降低的过程，实际上就是企业内部各种管理阻碍性要素不断出现的过程。企业外部环境的变化是企业自身所不能控制的，管理措施施行的外部条件发生变化，会使得企业有效的决策失去效用。因此，无论是从内部还是从外部来说，企业都不可避免地会受到管理熵效应的影响，不利于企业管理目标的发展和实现。

二、企业财务管理的目标

（一）财务管理整体目标

在市场经济的大环境下，实现经济效益的提升是企业经营管理工作的首要目标，具体来说就是尽可能以最小的付出换回最大的收获。对此，人们对财务管理的目标逐渐形成了三种不同的认识。

1. 利润最大化

通常企业可以通过财务活动管理，实现企业利润增长并达到最大化。在市场经济条件下，考量企业经营成果的唯一指标就是获取利润的多少。企业获得利润的多少直接关系着股东的利益和企业的福利待遇，在社会主义市场经济条件下，企业还要考虑自己所肩负的社会责任。

（1）以利润最大化为目标的合理之处。以利润最大化为目标能够最大限度地保证企业财务管理的最终目标的实现。一般来说，以利润最大化为财务管理目标的优点有以下三个。

第一，利润最大化的财务管理目标与企业的经营宗旨一致。在企业的生产活动中会产生剩余产品。剩余产品在价值上与企业生产的产品的总价值减去成本后的利润相同，也就是说剩余产品实际上就是企业的盈利。

第二，促使企业以市场为导向调节资源配置。利用企业现有的资源实现利润最大化，是提高企业利润率的根本途径。在财务管理方面，为了实现最大化经营利润的目标，财务部门要对企业的各项工作和市场预期进行核算，将有限的资源投入到回报率最高的经营领域中，这充分体现着市场对资源的调配作用。

第三，有利于促进社会经济的发展。以市场为导向，以利润为经营宗旨，会激发企业的潜力，促使他们不断改进技术，提高员工素质，从而保证其产品在市场上的竞争力。企业作为社会经济发展的基础单位，利润增多，意味着社会财富的增多。如果人部分企业的利润都呈上升的趋势，那么整个社会的财富就会不断增长，最终推动社会的繁荣和发展。

（2）以利润最大化为目标的缺陷。市场经济是一种自发性经济制度，在市场经济模式下市场主体为了获取利润会受到市场经济缺陷的影响，这一点主要体现在以下五个方面。

第一，忽略时间要素。企业的经营生产目标是最大化的保证利润收入，常常忽视资金的时间价值。比如为了盲目的追求投资的高回报率，投入资金到生产周期较长的经营领域。

第二，忽略风险因素。在企业的生产经营活动中，风险是同高利润同时存在的，往往是不可避免的。企业的经营活动都需要承担一定的风险，如果企业只是一味追求利润最大化，而忽视其所带来的风险、、很有可能使投资者面临各方面的损害。

第三，没有科学安排投入与产出的比例。企业生产的边际成本是企业进行投入的依据，有些企业在高投资收益行业容易忽视边际成本效应，在生产达到饱和时，仍然盲目投入，结果造成收益率下降。而在这样的情况下，就容易导致企业将外延的扩大和规模的膨胀作为追求的效果，而忽视了效率的提高，在这 过程中，短期行为可能会使企业实现经济目标，但从长远上来看是不利于企业发展的。

第四，未考虑企业结构和市场变化。企业的规模和结构的变化对企业的生产经营活动也会产生非常大的影响；同时，商品市场的变化，比如市场出现繁荣或萧条，都会给企业的生产经营活动造成影响。这些因素都应该是企业在财务管理过程中应当考虑的。

第五，忽视了股东之间的效用倾向。企业股东和债权人之间对企业经营的收益期待是不同的，这一点企业经营者要进行充分的考虑。股东对企业的需求是最大化的赚取利润，债权人对企业经营者的风险更为在意，如果风险较低，债权人当然也期望企业能够将利润最大化，但债权人与股东评估风险的角度和对待风险的态度并不一样，这常常会造成企业生产经营的矛盾。

2. 资本利润率最大化

资本利润率最大化是指企业通过财务核算，科学进行管理，合理组织生产，提高盈利水平，最大限度的利用企业投入生产经营的每一笔资金。资本利润率、净利润额与资本额之间的关系如下，

$$资本利润率＝净利润额/资本额$$

从这个公式中我们可以有效了解企业获得的净利润同投入的资本额之间的关系。通过这个公式我们可以核算年企业的利润率，即使不同行业、不同规模的企业也可以公平的进行对比，将二者之间的经营差距显示出来。

3. 企业价值最大化

企业价值的最大化是指，企业通过对财务活动进行管理，在考虑资金、时间、价值和风险报酬的情况下，通过对企业财富的增加，实现企业总价值的最大化，最终使企业投资者的财富达到最大化。

（1）以企业价值最大化为目标的优势。一般来说，投资者对企业进行投资的目的就是从中获取利润，积累自己的财富。企业的价值不在于财务报表上的盈利数字有多少，而取决于企业在市场上的表现和盈利能力。因此从投资者的角度来说，企业将自己身的价值提升作为财务管理的目的对投资者是有益的，企业价值的提升意味着企业形象、企业信誉等企业无形资产的同步提升，这对于投资者长期、稳定获取利益是非常有利的。

（2）以企业价值最大化为目标的缺陷。企业在进行财务活动管理时，仅仅将企业价值最大化作为最终目标是存在一定局限性的，具体表现在三个方面。首先，适合于上市公司，很难适用于非上市公司。其次，关注点集中在股东利润，忽视企业其他关系人的利益。最后，可控性不强，影响股票价格的因素较多，公司无法完全控制，不利于财务管理目标的实现。

（二）财务管理局部目标

局部目标是指在财务管理整体目标的制约下，进行某一部分财务活动所要达到的目标，是为实现整体目标而起保证作用的目标。财务管理的具体内容决定着局部目标的确立。在现代企业财务管理中，企业筹资管理、

企业投资管理、营运资金管理、利润及其分配管理等是其涉及的主要内容，根据这一设定，以下几个方面可以说是企业财务管理的局部目标。

1. 企业筹资管理目标

主要是指在充分保证生产经营资金的前提下，不断降低资本成本和处理筹资活动中的不确定性因素，避免财务风险。对于任何公司来说，只有具备一定数量的资金，才能充分保证企业生产经营的正常进行或者再进一步扩大生产规模。从获得资金的来源和渠道不同，其可供企业使用时间的长短、附加条款的限制和资金成本的大小都不相同，这就要求公司在筹资时，首先要保证生产经营所需要的资金数量，另一方面也必须注意由于筹资方式不同所影响到的公司资本成本的高低以及在这个过程中企业要承担的财务风险，在综合考虑这两方面因素的前提下，为了筹资目标的实现，选择最佳筹资方式。

2. 企业投资管理目标

为了尽快实现企业的预期效益，应该尽快将企业筹集的资金投入生产经营活动中。但不可忽视的是，企业承担一定的风险是任何投资决策都需要面对的。因此，企业在做出投资决策的时候，必须做好可行性研究报告，对于影响投资决策的各种因素进行认知分析。对于新增的投资项目，项目给企业带来的投资报酬和风险都需要企业进行认真分析和考虑，以便合理评估报酬和风险，实现企业价值的提升和企业财务管理的整体目标。

3. 企业营运资金管理目标

企业合理安排和使用营运资金，处理资金营运活动中的不确定性因素，加速资金周转，不断提高资金的利用效果。公司资金营运周转与生产经营周期具有一致性。具体可以作如下理解：在一定时期内，公司具有较快的资金营运周转，这就意味着在资金数量相同的情况下，公司可以生产出更多的产品，并且其收入也会增加，从而获得更多的报酬。因此，资金利用效果提高的一个重要措施是，可以通过加速营运资金周转来实现，这也体现了公司目标的要求。

4. 企业利润管理目标

在企业进行生产经营活动的过程中，一定的成产消耗是必然会发生的。因此对于企业财务管理来说，合理使用人力、物力和财力，在耗费资源尽可能最少的情况下，取得更多的经营成果，以使企业获得丰厚的利润，成为企业财务管理的一个重要目标。国家、企业、投资者和职工之间的经济利益可以说都受到利润分配的影响，因此对于现代企业来说，合理分配所实现的利润显得尤为重要，对此企业必须制定科学的利润分配政策。在利润分配时一定要从全局出发，将涉及的各方面的利益关系正确处理好，从当前利益来看能够使企业获得投资报酬，同时从企业的长远发展可以使企业的外部筹资能力得以加强，促进企业的可持续发展。

三、财务管理的基本内容

（一）财务活动

企业在经营运作过程中的财务活动作为财务管理的对象，在财务管理中占有重要的地位。我们所说的财务活动主要是指，企业的资金从货币形式向其他形式的转变，最后又恢复为货币形态的过程。

企业的财务活动在具体流通过程中要经历以下三个环节。

1. 资金的筹集

资金作为生产经营的物质基础，是企业财务管理的基础，因此我们一般把资金的筹集，即筹资作为企业财务活动的起点。

筹资是指企业为了获得足够的资金维持企业运行或扩大生产规模所进行的资金筹措活动。企业筹资的过程根据其来源的不同可以分为三种，具体如下。

第一，企业的资本金和资本公积金，一般是由接受投资者投入获得。

第二，盈余公积金和未分配利润，主要由生产经营获得。

第三，负债，一般都是向债权人借入。

在上面三种资金筹集方式会形成两种资金形式，第一种是权益资金，它是由企业的资本金和盈余公积金以及未分配的利润构成的；第二种是复杂资金，它是企业负债形成的。

在企业筹资的过程中，要科学合理安排筹资的数量和时机，既要保证所筹集的资金能够保证企业经营和发展所需，又要把握好时机，尽量减少筹资的成本，降低财务风险出现的概率。

2. 资金的运用

资金的运用就是把筹集到的资金用到企业所需之处，比如企业生产规模的扩大，生产资料的购置等。从另一个角度来说，资金的运用实际上就是一种投资，会产生经济效益。

资产是指企业在生产经营的过程中所获得的利润，这部分资产能够由企业自由支配，比如企业的财产以及债券等。资产是企业进行生产和管理的基础，它以不同的形式出现在企业经营和管理的各个环节之中。资产根据其流动性的不同可以分为流动资产和固定资产，流动资产的流动性较强，固定资产不具有流动性。

企业获得资产的方式有很多，既包括固定资产投资也包括流动资产的投资，如购置设备、建设厂房、获取流动负债等。企业在筹资完成后，要进行投资，获得利润，这是企业筹资的根本目的。在投资之前企业要确定好投资的项目，核算好投资的利润收益，并做好投资风险分析，以保证能够顺利地获取投资利润。

3. 资金的分配

资金的分配是指将企业从生产和经营中获得资产进行分配，充分利用这些资产产生新的收益。企业通过资产投资会获得收益，比如企业的营业收入等。在对这些收益进行分配的构成中，企业首先必须填补已经产生的消耗，保证企业能够正常的运转下去，然后需要缴纳税款，这些工作都完成之后，可以进行收益的分配，投资者或者股东因此收益。

资金的分配还包括两个部分，一部分是向债权人支付的利息，如银行或者其他提供信贷服务的金融组织；另一部分则需要向投资人分配经营所产生的利润。这两个部分的资金分配在时间上是不同的，利息支付部分的资金要在税收缴纳之前进行，而向投资者支付的利润在缴纳税款之后按照企业章程进行分配。

资金的分配事关多个主体的合法权益和经济利益，并且资金的分配与企业财务部门和财务管理工作有着极为密切的关系。企业对资金进行分配后，一部分留在企业作为企业运作和发展的资金，另一部分则退出生产经营活动，成为投资者的个人收益。企业在进行分配的过程中一定要把握好资金分配的比例，留足生产经营和业务拓展资金，不能因为利润的分配而影响企业的资金结构，对企业的生产和发展产生不利影响。

（二）资金及其运动形式

1. 资金

所谓资金，简单地说就是财产物资的货币表现。在市场经济发展的过程中，企业的所有财产和物资都具有其特定的价值，它是社会劳动的凝结，正是这种社会劳动的凝结造就了企业财产和物资的价值。如果我们用量化的数字来表示企业财产和物质的价值，就必须要用到货币。资金是企业进行一切活动的物质基础，可以说资金就像流动在企业身体里的血液，没有资金企业就会逐渐死去。

2. 资金运动

企业的生产过程是一个不断重复循环向前推进的过程。生产过程的开始与其他活动一样，都是从资金的筹集和流入开始的，也就是筹资和资金分配。动静态角度分析，企业筹资多的资金一般都通过一定的财务资产表现出来；从动态层面来说，企业的资金总是在不同的形态之间转换，比如企业资金有时表现为货币形态，有时表现为物质形态，企业正是在这种资金的状态转换中逐渐发展起来的。

企业再生产是企业将前期获得利润滚入到下一次生产活动之中。在这个过程当中，企业的资金最开始以货币的形式进入生产流程，经过供给、生产和销售三个环节完成整个生产过程。在供给过程中，资金由货币转化为企业生产的材料物质，生产完成资金由原材料转化为产品，产品销售出去后，资金由产品形态最终转换回货币形态，这就是企业生产资金的整个形态转化过程。企业的资金每完成一次由货币到货币的转换，我们称之为一个资金循环，企业的生产活动就是在这样一个又一个的资金循环过程中向前发展的。企业资金在生产过程中不断循环，实现了资金的周转。当然有时候资金并不是直接参与到生产过程当中，而是对外进行投资，这部分资金我们称之为资金退出。在财务活动中，我们将企业的资金投入、资金循环、资金周转以及资金退出统一称为企业的资金运动。

3. 资金运动形式

在企业资金循环和周转的过程当中，企业的资金在某个环节或者某个时间段内总会表现出其特定的外在形态，就是资金的运动。一般来说，资金运动有多种表现形式，这里分析最为常见的几种。

（1）货币资金。货币资金是企业也可以支付的存储状态存在的资金。货币资金的存储形式有很多，一般来说主要包括现金和银行存款。企业必须持有一定数量的货币资金作为企业运作的保障，因为税费、日常消耗费用以及员工的工资支出等财务活动都必须以货币资金的形式完成。

（2）固定资金。固定资金是企业固定资产所在企业总资产中所占用的资金数额。为了实现生产或服务职能，企业必须拥有自己的固定地生产或服务场所以及完成生产服务所需要的设备等固定资产。

（3）储备资金。储备资金从字面意思上来理解就是企业已经储存的资金，但对其定义需要从更深的层次入手。一般来说，企业的储备资金是指企业货币资金转化成企业生产原材料的部分。根据市场需求安排生产，科学合理地采购与调配生产物质，是现代企业市场化运作的基本特点和必要前提

（4）在产品资金。在产品资金是企业投入到生产中的资金（物质形态资金和货币资金都包括在内）。这种形态的企业资金通常由三种资金转化而来，第一种是企业的储备资金，第二种是企业的固定资金，第三种是其他流向生产的各类资金。

（5）成品资金。成品资金是企业将原材料加工成商品后所形成的价值资本，简单来说就是产品本身的价值。在市场经济下，企业以最大化追求利润为最高目标，因此希望产品能够最大限度的销售出去，但由于各种因素的影响，企业总会存在一批积压产品，使得企业投入的生产资金不能及时回收。

（6）其他资金。除了上面我们所介绍的几种资金的重要运动方式，企业还包括很多企业活动和资金运动，比如结算资金、对外投资资金等。企业要充分抓住资金运动的特点，通过对生产管理的科学调整与布局，保证资金的顺利运转。

（三）财务关系

财务关系就是企业在资金运动过程中与各有关方面发生的经济利益关系。企业财务关系主要表现在以下几个方面。

1. 企业与投资者、被投资者之间的财务关系

在企业的生产运作中，投资者对被投资者进行投资，被投资者要完成投资者的盈利需求，两者之间的相互关系就形成了一种财务关系。这种财务关系简单、直接，但却是企业所有财务关系中最重要、最根本的一项财务关系。从投资与被投资者之间的关系来看，投资者对被投资者的投资实际上是未来取得企业收益的分配权，因此这种财务关系的本质就是所有者权益的实现。

企业在处理自己与投资人之间的关系的过程中，务必要依法厘定彼此的产权关系，彼此监督对方履行其约定义务的情况，所有项目都要依法进行。

2. 企业与债权人、债务人之间的财务关系

企业在生产和经营的过程中经常会因为各种因素的影响出现运转资金不足的状况，必须筹措资金进行解决，比如向银行贷款、发行债券等；企业在利润回收结算后，如果资金充足，可以将多余的运行资产进行投资，比如购买其他企业的股票等。无论是我们所说的资金筹集还是企业投资，实际上都会在企业与投资对象或筹资来源对象之间形成一种债权关系。在筹资活动中，企业是债务人，筹资来源对象是债权人；在投资活动动，企业是债权人，投资的对象是债务人。

在对债权关系的过程中，一定要注意合理、合法，按照双方事先约定的合同处理各种事务，保障双方的合法权益。

3. 企业同职工之间的财务关系

职工是为完成企业生产和经营计划付出劳动的企业内部人员。职工是企业最基本的构成要素，也是企业各项计划得以实现的基础，企业的经营收益应该根据员工的工作质量和劳动质量进行合理的分配，保证他们得到合理的待遇。工资、福利、津贴的发放以及对员工工作质量的要求形成了企业内部最基本的财务关系，即企业与员工之间的财务关系。

企业与职工之间的财务关系是企业内部财务关系的基础，这种关系实行按劳分配的分配制度。企业在处理与员工之间的财务关系时，要依据企业劳动规章制度以及劳动合同进行，在法律规定的范围内，企业合理安排员工的工作，给予员工合理的报酬。

在处理企业各方之间的财务关系时，企业必须明确自己在各个关系中的地位和合法权益，其次企业在追求自己合法权益的同时也要履行自己的义务，不能侵犯他人的合法权益。比如，企业的管理者为了减少经营成本，压缩员工的工资，延长工作时间；为了获取更多的利润而压缩投资人的收益空间等。在债权关系中，投资者为了更好地保证自己的盈利目标，可以对企业进行一定的激励，企业为了更好地实现投资人的合法利益，也要积极采用新技术、提高员工素质，保证生产的效率。

4. 企业内部各单位之间的财务关系

在进行内部财务核算的情况下，企业必须要对各个部门的劳动成本和工作效率进行核算与对比，这样既能提高各个部门的工作效率，又能更好的保证企业经营目标的实现，对企业的生产经营具有很好的促进作用。企业内部各个单位之间的财务往来和财务关系，充分体现出了各个部门之间

分工合作的特点。在进行企业内部财务关系处理的过程当中，要注意区分责任，将不同部门的工作职责区分开来，不能因为某个部门的工作效率不足，影响到其他部门的工作，就全部进行处罚。

5. 企业同税务机关之间的财务关系

企业有义务向国家缴纳税金，一般来说企业需要缴纳的费用包括固定的增值税、所得税，不同的行业还需要缴纳行业相关税款。企业向国家缴纳税款，使其与税务部门之间产生立财务关系。税收是国家财政收入的主要来源，税收资金是我国进行各项建设，开展各种活动的基础，国家以管理者的身份对税收收入进行合理的分配，保证国家各项事业的稳步发展。企业在处理与税务机关之间的财务关系时，要严格按照税收法律的相关规定，及时、足额缴纳税款。

第二节　企业财务管理环境分析

企业的财务管理环境是指对企业的财务活动和财务管理产生影响的企业各种内外部条件及因素，又可以称为企业的理财环境。财务管理的环境为企业的财务活动提供了施展的平台；为企业的财务管理提供了生存的基础。任何企业的财务管理活动都离不开环境，财务管理环境的变化同时也会随时影响着财务管理活动的进行。因此，要想实现企业经营目标，达到企业经济效益的最大值，研究、分析所处环境，并对财务管理行为进行及时的调整是非常必要的。本节将重点介绍企业财务管理的经济环境、法律环境以及金融环境。

一、企业财务管理的经济环境

企业财务管理的经济环境可以大致分为宏观环境和微观环境两种。

（一）宏观经济环境

宏观经济环境就是指在宏观上营销企业财务管理活动的各项经济因素，包括经济发展周期、通货紧缩或通货膨胀、政府财政政策等等。宏观经济环境在很大程度上决定了企业经营的结果，一般情况下，当宏观经济环境较好时，企业的生产经营会获得较为成功的结果，反之企业在生产经营中则可能面对很多困难。

宏观经济环境具体来说包括以下几方面的内容。

1. 经济周期

经济周期就是指在市场经济条件下，社会经济运行过程中出现的繁荣、衰退、萧条、复苏的四个阶段，并会随着时间的推移反复循环这四个阶段。经济周期的不同阶段会导致不同经济状况的出现，从而对企业的微观经济活动产生影响，并且对企业的财务管理活动也会产生影响。

（1）繁荣阶段。在经济周期的繁荣阶段，市场需求旺盛，销售量大幅上升，为了满足不断增长的市场需求，企业会增加设备、存货和劳动力，扩大生产规模、增加产量。在这个阶段，企业财务管理的工作主要是筹资和投资。

（2）萧条阶段。在经济周期的萧条阶段，经济大环境不景气，市场需求减少，销量减少，企业利润下降，存货积压，设备闲置，企业开工不足，资金周转不畅，企业筹资困难，投资困难。在这样的环境中，财务管理的主要任务就是控制企业的成本、尽可能缩小企业的亏本。

因此，企业的财务管理活动主要就是通过对经济周期的了解和认识，对周期性变化进行科学、合理的预测，从而根据各个阶段的特征合理安排财务政策、采取适当的财务措施，保证在经济活动中掌握主动。

2. 通货膨胀和通货紧缩

（1）通货膨胀。通货膨胀是指流通中的货币供应量超过商品流通所需要量而引起价格普遍和持续上升的一种经济现象。通货膨胀对经济市场产生的影响包括：造成市场价格的上涨、货币贬值、企业生产经营成本的提高、资金周转难度的提高，从而导致企业的支出无法获得应有的回报，最终导致企业的资金流失。

在通货膨胀的财政环境下，企业不能坐以待毙，应该主动采取措施，减少企业因通货膨胀受到的损失和伤害，比如使用套期保值、签订长期合同等。从另一个角度考虑，通货膨胀也可能给企业的财务管理带来一定的好处，比如说对于未到期的企业债务，名义利率虽未变，但实际上是少支付了利息。

（2）通货紧缩。通货紧缩是指物价总水平连续下降的一种经济现象。在通货紧缩的环境中，社会消费需求持续疲软、居民的储蓄意识大于消费意识，这些都会对企业的财务活动产生影响。比如，居民对货币持有的观望状态会对筹资、生产与销售等活动都产生不利影响。

3．政府的经济政策

在宏观经济环境中，政府实行的经济政策也是重要的影响企业财务活动的因素。在我国，经济体制为社会主义市场经济，在这样的环境中，政府对经济调控有很强的能力。通常，政府会采取一系列的经济政策来实现对经济的宏观调控。国家的产业政策、财政政策、货币政策、经济体制改革的措施、政府的行政法规等，对企业的财务活动都有重大的影响。

政府的经济政策还会经常随着国民经济发展的需求进行调整和变化，企业必须不断对政府的经济政策进行研究和分析，预测变化趋势，才能形成正确的财务决策。

（二）微观经济环境

微观经济环境是指影响企业财务管理的各项微观经济因素，主要包括企业所处的市场环境、供销环境、生产环境、人员环境、管理水平等。

1．市场环境

市场环境包括企业所处的市场的发育程度和竞争程度。企业所处的市场环境决定了企业的产品在市场中可能的占有率及价格。在市场经济的大环境中，竞争普遍存在，所有企业都不能幸免。企业之间的竞争主要包括在设备、技术、质量、成本、营销、管理、人才等方面。市场的竞争可以推动企业更新技术水平、优化管理结构、改进管理措施，从而推动企业乃至整个市场的经济发展。同时，竞争也给企业带来压力或威胁，企业若不能在竞争中发展，则可能被淘汰。

2．供销环境

供销环境是指企业在市场中对各种原材料及物资的采购中涉及的数量和价格的相关条件。供销环境具体包括供应商数量、企业同供应商之间的关系、产品的价格走势、运输及储存条件等等。及时了解供销环境能帮助企业及时调整财务活动，比如说，如果企业所需的物资在市场上属于供不应求的种类，那么企业就要增加库存量，保证不影响生产，这样就会导致资金占用率的增加。

3．销售环境

销售环境指的是企业在市场竞争中所处的位置。企业面对的市场一般情况下有：完全竞争市场、不完全垄断市场、寡头垄断市场以及完全垄断市场。企业所处的销售环境直接决定了企业应该采取的具体价格政策。如果企业生产的产品在销售环境中出现了供不应求的现象，那么企业的存货就会很快得到出售，销售款项就可以很快收回，同时，企业的应收账款占用的资金也会减少，这就加快了企业资金的周转，促进企业偿还债务。

4．生产环境

生产环境指的是企业生产经营组织形式(单件、成批、大量、连续)、产品技术含量、生产工艺流程、产品生命周期等条件。处于不同行业的企业会存在不同的生产环境，而不同的生产环境又会对企业的资金使用提出不同的要求，这就会影响企业的财务活动及其管理。如果企业生产的产品对技术有很高的要求，那么企业就要给这项产品配备相对多的资产和工人这就使得企业需要投入更多的固定资产。

5．人员环境

企业财务管理活动过程中，无时无刻不涉及各种财务关系，这些财务关系的实质就是处理人与人之间的经济利益关系，企业内部、外部相关利益人员的组合构成了企业财务管理的人员环境，具体包括投资者、债权人、经营者、职工、消费者、社会公众等因素。

为了实现企业的经济效益，人员环境中涉及的各项因素的素质显得尤为重要，尤其是财务主管的素质。一名合格的财务主管应具备较高的文化修养和较丰富的法律、经济金融管理、会计等方面的专业知识，有良好的道德修养和创新能力，并且要具备相当程度的工作经验和与市场经济相适应的理财观念。

6．管理制度

科学的管理制度不仅有助于提高企业的活力和企业员工的工作积极性，而且有助于企业财务管理能力的提升和财务管理效率的提高。在日常工作中，企业的管理制度主要包括企业领导制度、企业组织结构、内部管理制度三部分内容。

二、企业财务管理的法律环境

财务管理的法律环境是指企业同各利益关系人之间产生经济关系时应当遵守的各项法律、法规。企业财务管理的法律环境一方面能给企业的生产经营提供法律上的保护，另一方面也限制了企业的活动空间。

企业在进行财务活动时，要依法处理各种财务关系，并且学会用法律来保护自身的合法权益。在具体的工作实践中，企业财务管理的法律环境主要包括以下三部分的内容。

（一）企业组织法律法规

企业组织法律法规是指对企业的设立、生产经营活动、变更、终止等行为进行规范的法律、法规，这些法律、法规主要包括：《企业法》《公司法》《合伙企业法》《私人企业法》《企业破产法》《外商投资企业法》等等。这些法律法规不仅规范了企业的行为，而且对企业的组织活动起到指导作用。在生产经营活动中，企业必须遵守上述法律、法规。

（二）税务法律法规

税务法律法规就是指企业在进行生产经营活动过程中在税务的上缴、减免等方面应当遵循的法律、法规。任何企业都要依法纳税，税务是每个企业都要承担的费用，它对企业的财务活动产生着重要影响。比如说，一个生产经营活动的方案是否可行在考虑税负前后可能会出现完全不同的结果。

在我国有关税务的法律、法规主要有三类，分别是所得税的法规、流转税的法规以及其他地方税的法规。

在进行各项财务活动时，企业首先要严格遵守相关的法律制度，不能在纳税制度范围内偷税漏税，同时，在不违反相关法律、法规的前提下，企业可以通过一系列的手段和措施实现合理的避税。所以，可以看出，精通税法对于财务主管来说也非常重要。

（三）财务法律法规

财务法律法规就是指财政部颁发的企业财务通则和分行业的财务制度。这些制度是企业在制定内部财务管理制度时必须遵守的。其中，财务通则对企业进行财务管理进行了规范；二财务制度则对不同行业的财务管理提出了不同的管理要求，财务制度是财务通则的细化，可操作性更强。

在我国，与财务管理相关的财务法律法规包括《资产管理法》《证券法》《经济合同法》、《票据法》《结算法规》等。企业的财务管理相关人员应该在熟悉这些法律法规的基础上完成财务管理任务，实现财务管理的目标。

三、企业财务管理的金融市场环境

金融市场是指资金融通的地方，也就是资金的需求方和供应方通过某种形式达成资金交易的场所。资金对于企业的投资和经营活动来说是非常必要的，因此，金融市场的任何变化都会影响到企业的筹资、投资以及经营活动。可以说，金融市场是企业赖以生存和发展的重要外部条件。

（一）金融市场的作用

金融市场的作用表现在以下三个方面。

1. 是企业筹资、投资的场所

金融市场给企业的筹资和投资活动提供了场所。金融市场上有很多非常灵活的资金融通方式。当企业需要资金时，可以到金融市场进行资金的筹集；而当企业持有闲置资金时，也可以到金融市场选择适合自身的方式进行资金的投资。

2. 促进企业长短期资金相互转化

金融市场可以推动企业的长短期资金的相互转化。企业可以在金融市场将持有的股票和债券套现，变成短期资金；同时也可以在金融市场上用短期资金购买股票或债券，转变为长期资金。

3. 为企业提高有意义的经济信息

金融市场为企业提供有意义的经济信息，包括资金的供求状况、投资者对企业经营状况的评价等，这些信息主要通过金融市场上利率的变化以及证券市场的行情放映出来的。这些信息对于企业进行筹资、投资活动以及经营决策都有着重要的作用。

（二）金融市场的分类

以不同的分类标准为依据，金融市场可以被划分为不同的市场类型。

（1）按营业性质进行划分，金融市场可以分为资金市场、外汇市场和黄金市场。

（2）按时间的长短进行划分，金融市场可分为货币市场和资本市场。货币市场是指短期资金的市场，资本市场是指长期资金的市场。

（3）按证券发行和交易过程进行划分，金融市场可分为一级市场和二级市场。一级市场是指发行市场，二级市场就是交易市场。

（三）影响金融市场利率的因素

在金融市场中，利率就是指资金的使用权价格，它的本质就是剩余价值的转化形式。影响金融市场利率的主要因素包括资金的供给以及资金的需求。除此之外，经济周期、通货膨胀或通货紧缩、政府对利率的管制程度等也会对金融市场的利率产生不同程度的影响。但是，这些次要因素对利率的影响不通过资金的供求关系是无法实现的，因此，在财务管理中，企业应当重视对资金供求关系的研究，以更准确地对金融市场的利率进行预测和估计。

第三节　企业财务管理环节分析

财务管理是为了完成企业的财务管理目标、实现企业的财务管理任务。具体来说，企业的财务管理可以分为财务预测、财务决策、财务计划、财务控制以及财务分析五个环节。本节将从企业财务管理的环节入手，研究财务管理的方法。

一、财务预测

财务预测是指企业的财务工作人员以历史资料为依据，参考现实状况，运用特定的方法对公司未来的财务活动及其成果进行科学、合理的测算和估计。财务预测对企业财务管理起到三方面的作用，分别是给财务决策提供基础、给编制财务计划提供依据、给企业组织日常财务活动提供必要的条件。

近年来，随着财务管理越来越受到企业的重视，财务预测的方法也迅速发展起来，数量已经达到了 130 余种。根据性质的不同，我们主要将财务预测的方法分为定性预测法和定量预测法。

（一）定性预测法

定性预测法主要是依靠财务人员的个人经验和判断，利用直观材料，对企业未来的财务状况和趋势做出预测的一种方法。这种方法一般是在公司缺乏完备、准确的历史资料的情况下采用的。定性预测法的操作过程包括两个步骤。

（1）由熟悉公司财务情况和生产经营情况的专家，根据过去所积累的经验，进行分析判断，提出预测的初步意见。

（2）通过召开座谈会或发出各种表格等形式，对上一个步骤中得出的预测的初步意见进行修正补充。经过几次反复之后，得出预测的最终结果。

（二）定量分析法

定量预测法是根据变量之间存在的数量关系，比如时间关系或因果关系等，建立数学模型来对企业未来的财务状况和趋势进行分析的方法。定量预测法又可分为趋势预测法和因果预测法。

1. 趋势预测法

趋势预测法是指先按照时间顺序对历史资料进行排列，并以此为依据，根据事物发展的连续性来进行财务状况的预测的方法。趋势预测法由于是按照时间顺序进行历史资料的排列的，因此又可以称为时间序列预测法。在具体的实践中，趋势预测法还可以细分为算术平均法、加权平均法、指数平滑法、直线回归趋势法、曲线回归趋势法等。

2. 因果预测法

因果预测法是指以历史资料为依据，经过充分的研究和分析，找出要预测因素与其他因素之间明确的因果关系，建立数学模型来进行预测的一种方法。因果预测法中的因果关系可能是简单的，也可能是复杂的。比如说，公司的销售收入和销售价格与销售数量之间的因果关系就是简单的；而销售利润同销售价格与销售数量之间的因果关系就是复杂的。

二、财务决策

财务决策是指财务人员根据财务目标的要求，在若干个可以选择的财务活动方案中选择最优的财务方案的过程。财务决策是财务管理的核心，财务决策的一般过程是：首先根据财务预测的信息提出问题；然后确定解决问题的备选方案，并对所有的备选方案进行分析、评价和对比；最后选出最优方案。

在现代财务管理中，财务决策的方法主要有以下几种。

（一）优选对比法

优选对比法是财务决策的基本方法，是指把各种不同方案排列在一起，按其经济效益的好坏进行优选对比，进而做出决策的方法。根据对比方式的不同，优选对比法又可以分为总量对比法、差量对比法以及指标对比法等。

1．总量对比法

总量对比法的对比对象是不同方案的总收入、总成本或是总利润。对这些总量进行对比之后，选择经济效益最高的方案作为财务管理方案。

2．差量对比法

差量对比法的对比对象是不同方案的预期收入以及预期成本之间的差额。根据差量利润，选择出最佳的决策方案。

3．指标对比法

指标对比法的对比对象是不同方案的经济效益的指标。比如说，在企业进行长期投资决策时，可以将不同投资方案的净现值、内含报酬率、现值指数等指标进行对比，从而选择最优方案。

（二）数学微分法

数学微分法是根据边际分析原理，运用数学上的微分方法，对具有曲线联系的极值问题进行求解，进而确定最优方案的一种决策方法。在用数学微分法进行方案的决策时，根据判别标准的不同，取值也有差异。比如，以成本为判别标准时，一般是求极小值；以收入或利润为判别标准时，一般是求极大值。

在财务决策中，最有资本结构、现金最佳金额以及存货的经济批量订购都需要用到数学微分法。

1．线性规划法

线性规划法是一种利用运筹学原理，对具有线性联系的极值问题进行求解，进而选择最优方案的决策方法。线性规划法一般适用于存在若干个约束条件的情况下，在这种情况下，线性规划法能帮助财务管理工作人员在有效组织人力、物力、财力等方面实现最优决策。

2．概率决策法

概率决策法是指利用概率法计算出各个方案的期望值和标准离差，最终选择出最佳方案的方法。概率决策法一般运用于对风险进行决策。风险决策是指对未来情况不明朗但是存在可以预测的相关因素的状况的决策。概率决策法经常把各个概率用树形图表示出来，因此也被称为决策树法。

3．损益决策法

损益决策法常用于对不确定的状况进行决策。所谓不确定性决策，是指在未来情况很不明了时，只能预测有关因素可能出现的状况，但其概率是不可预知的决策。因此，在这种情况下进行决策是非常困难的，在财务管理中对这种状况进行决策多采用最大最小收益值法或最小最大后悔值法，将这两种方法统称为损益决策法。

最大最小收益值法又称为小中取大法，是一种将各个方案的最小收益值计算出来，然后在其中选择最大值的一种方法。最小最大后悔值法又称为大中取小法，与最大最小收益值法相对，是将各个方案的最大损失值计算出来，然后在其中选择最小值的决策方法。

三、财务计划

财务计划是指在一定的计划期内，将企业的生产经营活动所需要的资金、资金来源、财务收入及支出、财务成果等以货币形式反映出来的计划。财务计划建立在财务预测和财务决策的基础上，是控制财务活动的依据。财务计划指标的确定通常会使用以下四种方法。

（一）平衡法

平衡法是一种在财务计划的编制过程中，通过对有关指标内在的客观平衡关系进行计算而确定财务计划指标的方法。比如说，在确定一定时期现金期末余额时，可以使用以下公式：

现金期末余额=期初余额+计划期增加额-计划期减少额

运用平衡法进行财务计划指标确定的优点是便于分析计算，且工作量不大，结果比较准确明了，适用于那些具有平衡关系的计划指标的确定。但是同时需要注意的是，进行指标内平衡关系计算时，不能重复或遗漏任何一个指标因素，并且要保证计算口径的一致。

（二）因素法

因素法也称因素推算法，是指在编制财务计划时，根据影响某项指标的各种因素，来推算该指标计划数的方法。因素法计算出的结果一般比较准确，但计算过程较复杂。

（三）比例法

比例法又可以称为比例计算法，是指在财务计划的编制过程中，以企业在历史上已经形成并且相对稳定的各项指标之间的比例关系为依据，来计算确定计划指标的方法。比如说，在计算一定时期的资金占用量时，就可以根据企业历史上的资金占用额占销售收入的比例以及计划期的销售收入进行计算。利用比例来确定财务计划的指标，优点是计算方式简单，操作简便，但是要注意在进行比例法的计算时，要使用恰当的比例，否则会出现偏差。

（四）定额法

定额法又称为预算包干法，是指在财务计划的编制过程中，将定额作为计划指标的方法。在定额管理基础比较好的公司，采用定额法确定的计划指标不仅切合实际，而且有利于定额管理和计划管理相结合。但是需要注意的是，定额要随着企业实际情况的变化不断地进行调整，以适应现实情况，使定额更加具有可行性。

四、财务控制

财务控制是指在财务管理的过程中，对公司 财务活动进行适当的调节，以促进企业财务目标的实现。财务控制的方法有很多，下面介绍三种最常见的财务控制的方法。

（一）防护性控制

防护性控制又称为排除干扰控制，是指在财务活动发生之前，指定的一系列的将可能产生的差异排除在外的制度或规定。比如说，在实践中，企业为了保证资金的安全和完整，往往会制定一系列制度，对资金的适用范围加以规定；企业为了实现经营费用的下降，往往会事先规划资金开支标准等。

防护性控制是最彻底的财务控制的方法，但是这种方法要求企业对被控制对象有绝对的控制能力。在企业的财务管理中，任何事先制定的标准、规范、制度都可以看作是一种防护性财务控制。

（二）前馈控制

前馈控制又可以称为补偿干扰控制，是通过对企业实际财务系统的监视，运用科学手段，采取一定措施对可能出现的差异进行排除的财务控制法。比如说，企业要对短期偿债能力进行控制，就要首先对流动资产和流动负债之间的关系进行密切关注，并得出这一关系的发展趋势，当发现这个关系可能会朝着不合理的方向发展时，就要采取一定措施对流动资产或流动负债加以调整，使两者之间的关系回到合理的轨道上。

前馈控制是一种比较好的财务控制法，能够取得较好的效果，但是前馈控制法对企业收集信息有严格的要求，并且需要进行准确的估计，才能保证不常干扰达到目的。

（三）反馈控制

反馈控制又称为平衡偏差控制，是一种在认真分析的前提下，发现实际与计划之间的差异，确定差异产生的原因，并采取一定的措施调整财务计划或活动以消除差异或避免差异再次发生的财务控制方法。反馈控制一般都是平衡在实际和计划之间已经存在的差异，而在反馈控制的过程中，又可能出现新的差异。

反馈控制的优点是运用方便，并且由于它是对即时差异进行控制，因此对信息的搜集没有严格的要求。反馈控制一般运用于当干扰无法预测或发生频繁的情况下，具有非常广泛的应用场景，在实践中反馈控制也是财务控制中最常使用的方法。

五、财务分析

财务分析是根据相关的资料和信息，运用特定的方法，对企业内部的财务活动的流程和结果进行分析和评价的财务管理工作。财务分析有助于企业掌握各项财务计划指标的实现情况，及时获得财务活动评价数据，并给企业对财务活动的预测、决策、计划和控制的调整提供了依据。下面介绍三种比较常用的财务分析的方法。

（一）对比分析法

对比分析法是通过把有关指标进行对比来分析公司财务情况的一种方法。对比分析法要对同一指标的不同方面进行比较，从数量上确定差异，为进一步查找差异原因提供依据。比如说，企业可以通过对计划数进行比较，了解计划指标的完成进度，也可以通过对当下及同期历史数据的对比，掌握财务指标的变化趋势。

对比分析法是一种比较好的财务分析的方法，其优点表现在适用范围广、分析流程简单、解释问题清晰等。但是对比分析法只适用于遵循一定条件的两个有可比性的数据或对象之间，因此，在运用对比分析法之前，首先要确认对比的各项指标之间是否具有可比性。

（二）比率分析法

比率分析法是通过对相关数据或指标的对比，用比率反映出它们之间的财务关系、体现企业财务状况的一种财务分析法。根据分析的对象的不同，在现实生活中，经常使用的比率指标有以下三种。

1．相关指标比率

相关指标比率是指以财务活动相互间的联系和依存关系为依据，将两个相关但性质不同的数值进行比较，求出比率，以此为基础对财务活动的客观规律进行总结和分析，从而掌握企业的财务状况。比如说，企业可以将资金指标和销售指标以及利润指标进行比较，求得资金周转率和资金利润率，以此为基础研究企业的财务状况和经营成果。

2．构成比率

构成比率是指某项指标中各个组成部分占总体的比重，企业可以通过对构成比率的分析，研究财务活动的特点和未来发展趋势。比如说，企业可以计算出负债资金占总资金的比率，便可以开展管理活动，并初步预测财务活动的风险。

3．动态比率

动态比率是将某项指标的不同时期的数值相比，求出比率，帮助企业观察财务活动的动态变化程度，分析有关指标的发展方向和增减速度。

（三）综合分析法

综合分析法是指将所有会对企业财务状况产生影响的因素以及各项财务指标综合在一起进行有序的分析研究，从而了解企业财务活动的经营成果的财务状况的办法。在现代经济活动中，各项活动都不是由单一因素影响或决定的，因此，如果只对某一个指标进行研究或分析，并不能得到最全面的评价结果，因此要想对企业的财务状况做出系统的评价、进行全面的了解，就要通过综合分析的方法。综合分析法在具体运用中还包括财务比率综合分析法、因素综合分析法和杜邦体系分析法等。

综合分析法是财务分析方法中非常重要的一种方法，它对全面、系统、综合评价企业财务状况具有重要意义。但综合分析法一般都比较复杂，所需资料很多，工作量比较大。

第四节　企业财务管理信息化发展研究

　　随着企业的经营规模不断扩大，对其进行财务管理的需求也越来越大。财务是企业运营中的一个关键部分，它的运作情况会对企业的发展产生很大的影响。当前，国内企业发展的节奏虽快，但在财务管理上仍处在退滞状态，对财务数据的处置仍以人工为主，如此既没有效率，又有可能使企业财务信息失真，影响企业的科学决策。因此，企业要开展财务管理的改革。在信息化的今天，信息化的发展已经成为一种新的趋势。在此环境下，企业需要加强财务管理信息化建设，引入先进的管理方法，以加快财务工作的实施。

一、财务管理信息化的内涵及意义

（一）财务管理信息化的内涵

　　所谓的财务管理信息化是指企业在开展财务管理工作的过程中将信息化技术融入工作流程中，通过这种方式来提升管理质量和效率。在市场经济不断发展的背景下，企业要想快速提升自身的核心竞争力，在市场竞争中占据有利地位，就必须从自身的实际情况出发考虑，引入一套先进的管理技术和方法，这样才能加快自身实现转型升级。财务管理信息化可以对财务数据进行深度的挖掘和分析，从而对财务资源进行优化配置，为企业开展经营活动提供可靠的数据保证，促进企业实现战略规划发展目标。但是企业要想真正实现财务管理信息化还存在一定的难度，需要企业将财务管理思想和信息化理念融合到一起，并保证财务管理、建设等各个方面实现全面性和整体性的整合，畅通信息传输渠道，实现信息共享，通过对财务管理活动进行动态监测，从而获取更加及时、准确的数据，为企业进行决策提供真实、有效的数据保障，实现企业持续健康的发展。

（二）财务管理信息化特点

1. 具有协同性特点

　　财务管理是企业开展管理工作的有效手段，将信息化引入其中可以提升财务管理的协同性。此外，通过加强信息化建设可以帮助企业获取更加全面、准确的数据信息，高质量、高水平的信息化管理才能提升企业决策的准确性和针对性。

2. 具有动态性特点

财务管理信息化可以充分发挥动态监测财务管理整个活动过程的作用，让企业在开展经营活动的时候能够及时获取财务数据，从而为进行决策提供保障，这从根本上来说，可以在发挥财务审核和监督功能的同时激发出财务具有的管理作用，从而提升企业的整体工作效率。

3. 具有实用性特点

信息化可以快速、及时的手机和整合各种信息，企业应用财务管理信息化系统可以保证管理人员实施监测财务信息，从而提升财务管理质量，降低交易成本，并能利用系统的预警分析，有效管控企业资金，提升资金的利用率，促使企业整体运行效率稳步提升，最终实现企业的创新发展。

（三）企业实施财务管理信息化的意义

1. 有助于提升财务管理质量

在企业运营过程中财务信息精准度低是一直以来影响企业快速发展的重要原因之一，尤其是企业在制定决策的过程中，如果无法获取真实、可靠的财务信息，将无法掌握企业的资金运用情况和经营情况，从而造成资源浪费，对企业的长远发展带来不利影响。在信息化时代，各个企业都开始进行转型升级，而此时应用的财务管理模式已经不能满足企业的转型发展需求，甚至在一定程度上还阻碍了企业的发展，在日益激烈的市场竞争环境下，如果企业依然采用落后的财务管理模式，势必会降低工作效率，造成资源浪费，无法对资金进行合理配置，企业难以得到发展的机会。而财务管理信息化在企业中的应用，在很大程度上降低了因人工操作造成的资金核算失误以及信息泄露等问题，提升了财务信息的安全性，也降低了发生财务风险的概率。企业通过实施财务管理信息化，进一步提升了财务管理工作的效率和质量，并对工作流程进行了优化，同时还建立了完善的财务管理机制，大幅度提升了企业的管理效率和经济效益，为企业的持续发展增加了助力，进而有助于企业实现转型升级。

进入新时代之后，企业的生存环境发生了变化，在面对日益复杂的社会环境时，企业必须对当前的经营模式进行整改，并转变落后的管理观念，与时俱进，促使自身尽快实现转型升级，努力探索新的发展路径，以便适应时代发展需求。企业进行财务管理信息化建设，最主要的目的就是在新经济环境下实现转型升级，这是促进企业发展的重要措施之一，也是企业进行现代化建设发展的重要体现。

2. 提升财务管理的整体效率

利用信息技术形成的财务管理信息化是实现财务管理和信息技术深度结合的重要体现形式，也是现代财务工作发展的必然方向。财务管理信息化可以实现财务数据的有效转化，让其转化成网络数据，方便员工进行查找和分析，这样可以大幅度提升工作人员的效率，而且还能提升工作质量。此外，在财务管理信息化模式下，各个企业开始利用网络平台进行交易，而且资金货币也实现了电子化，这种转变不仅在很大程度上提升了资金交易的快捷性，同时还提升了现金的周转效率。而资金在实现快速周转的同时，还能降低企业的资金成本使用率，对于财务管理工作的优化和改进也起到了促进作用。

财务管理信息化的实施，不仅是财务管理与时俱进，自行更新完善的必然结果，也是社会发展对财务管理工作提出的必然要求。在市场经济快速发展的背景下，企业进行财务管理信息化建设不仅可以帮助企业适应新环境的发展，同时还能促进自身实现转型升级，从而为企业创造更多的经济效益。财务管理信息化模式，减轻了工作人员的工作量，简化的繁杂的工作流程，减少了出现错误的概率，节约了时间，提升了成本，不仅可以让财务人员有更多的精力为企业进行决策提供精准、真实的数据，还能不断提升财会信息工作的质量和效率，同时发挥出财务工作的最大化作用，为企业决策提供有效建议，保证决策的合理性和科学性，有助于企业实现发展战略规划目标。

二、企业财务管理信息化建设存在的问题

（一）企业领导和财务人员信息化建设认知不足

财务管理包括基础核算、资产管理、税务管理、成本管理控制等多项内容，对于企业发展而言，财务管理是维持企业资金稳定的重要手段，对企业战略目标的实现起主要推进作用。

日常工作中，企业领导对财务管理信息化建设的认识较为肤浅，许多企业领导认为信息化管理只是办公自动化，并没有将其上升到企业战略高度。与此同时，部分企业财务人员的认知水平不高，对于信息化办公技术

掌握不熟练，无法清楚认识到自己的工作范围和岗位职责，财务管理缺乏正确指导。企业信息化管理是未来发展趋势，因此需要以业务为核心，以计划、执行、稽核为主体搭建信息平台，并根据平台需求，设置标准化的数据口径及高度衔接的执行岗位。

（二）企业对信息系统相关技术手段认识水平较低

财务管理信息化建设中离不开硬件和软件的支持。对于信息化建设而言，大部分最先想到硬件支持，如处理速度较快的电脑、信号出色的服务器等。计算机硬件是财务信息化建设的基础，硬件设施老旧也是造成信息化建设速度缓慢的主要原因。

软件在网上财务办公系统应用过程中不断升级，而部分企业在财务信息化管理中在软件升级方面未投入足够人力、物力，导致系统出现漏洞，严重影响财务人员的办公速度，造成财务风险，对财务管理信息化建设造成极大阻碍。

在实际财务工作中，已经有较多新型的技术手段得到广泛应用，包括财务云技术、电子发票、移动支付、数据挖掘、数字签名、电子档案、机器人流程自动化等。广大中小企业应当积极接纳新的管理技术，为企业经营赋能。

（三）财务信息缺少共享性

就大部分企业财务管理信息化建设现状来看，财务信息化管理并没有真正应用于日常工作。特别是针对企业业务领域的财务信息化预测功能没有得到有效应用，大多数财务人员的日常工作仍然较为基础。财务分析方面无法对企业成本、收入预测、市场动向等重要因素进行分析，难以选取财务数据进行针对性挖掘，财务数据的价值没有充分发挥。

现在许多企业都使用了 OA 办公系统，极大提高了部门间的协同效率，但目前网上办公系统集成性较差、共享性有待提升，各部门对信息的提炼和整合存在阻碍，比如业务和财务之间缺乏有效的协同管理，其他部门无法获得准确财务信息。

总体来说，财务信息缺乏共享性，主要表现在基础数据缺乏标准化，业务操作流程缺乏规范化。例如：业务部门和财务部门人员对名称、编号、规格型号、识别特征等信息的理解不同，统计的数据五花八门，导致信息传递障碍。

（四）财务信息缺乏考评机制

从企业财务管理信息化的整个流程看，财务信息需由统一平台搜集和分析，部分企业没有意识到财务分析的重要性，因而无法形成财务信息反向沟通环节。财务信息只是以书面报告或电子报告的方式单向传递至企业管理层，而企业管理层无法根据财务信息进行有效反馈，这种上下级沟通不畅的反馈机制对信息化建设效果产生负面影响。产生原因主要是财务信息未能与绩效考评信息相结合。通过公平、公正、公开的绩效评价体系，有效指引业务部门的行为，使业务部门更加积极主动地参与管理过程，提升财务管理的实效性。

（五）缺乏搭建信息技术平台的团队

企业在财务管理信息化建设推进过程中离不开专业人才支持，财务信息系统建设需要的人才，不仅要熟悉财务管理与信息技术，还要熟悉企业的主要业务流程，这样才能搭建起更符合自身经营特点的信息体系。这往往需要团队协作才能实现。而在人力资源调配方面，部分企业过度控制人力资源成本支出，导致企业内部员工身兼数职。在此种情况下，员工不但没有精力开展信息化建设工作，且工作压力会越来越大，久而久之容易影响企业内部团结。

三、企业财务管理信息化建设的对策

（一）财务职能转型和财务再造

企业核心领导层的思想必须与时俱进、紧扣市场发展大趋势，财务信息化建设才能紧跟市场需求。

当前，企业面临更加复杂的经营环境与激烈的市场竞争，财务部门必须转型，降低交易成本，提供深入价值链的经营支持及管理决策支持。为实现转型，应重新设计财务职能，将其划分为执行层、控制层和决策层三个不同层级。执行层面实现财务共享，统一处理基础业务；控制层面聚焦深入业务；决策层面提供政策指导和决策支持。

财务职能再设计同时带来了流程、组织、人员与信息系统的再造。财务人员需要对传统交易处理模式和流程进行变革，降低运行成本。信息技术是财务转型巨大的推动力，促进财务发生根本变革，使财务团队真正成为管理团队的增值成员和业务团队的合作伙伴。

（二）做好信息化基础建设

企业完善信息化基础建设工作，主要需要从业务流程基础和信息系统基础两个方面着手。

1. 业务流程基础建设

财务管理信息化建设需要企业根据自身经营特点，考虑该系统功能与企业各项工作之间的配合效果。采用业务流程和业务部门双试点的方式，优先选择简单无争议的业务流程，并在年轻、思想先进、变革意愿较强的业务部门实施试点。通过试点的运行，及时解决系统建设过程中的技术问题，避免矛盾扩大化。试点运行成果也会增加团队推进的信心，配合激励机制，提高团队热情，形成良性循环，促使系统建设成功同。

2. 信息系统基础建设

信息系统不仅仅是选择硬件和软件，市面上通用的系统基本能符合绝大多数企业的需求，满足企业在数据收集、计算、整合、存储等多方面的信息化需要。企业需要改善的是信息系统数据质量。数据质量可参照部分会计信息质量要求，包括可靠性原则、可比性原则、相关性原则及时间截止性原则。可靠性方面，应保证数据来源可靠，计算逻辑清晰无误；可比性方面，需保持数据的编码、计量单位、名称、规格型号等信息标准统一；相关性方面，要求财务数据与业务数据关联，与合同、订单、发货、采购、人员薪酬、费用报销等一系列业务行为形成信息化关联；时间截止性方面，应约定统一的时间节点共识，包括结算时点、收入成本确认时点、单据信息传递时点等。

（三）建立网络财务数据管理平台

财务信息共享是财务管理信息化建设的主要功能之一，构建企业内部专属的网上数据内容管理平台，是促进企业信息流通的有效措施。在此过程中，企业还可以通过使用信息技术有效整合资金管理软件、OA 系统、CRM 系统等，形成信息共享平台，以满足企业日常工作中财务管理信息化建设的需求。与此同时，企业需将财务办公系统、物流仓储软件、数据管理系统等进行同步，保持实际资金流动情况信息与财务数据的一致性，并及时更新财务报表，以便领导层及时接收企业财务变动信息。

（四）建立财务问题稽核机制

第一，企业需要一个适合自身发展需求的财务信息管理系统，系统能集成大数据技术，利用大数据搜集整合方面的优势对信息动态进行反馈。财务人员是否能在系统中快速找到所需信息，极大程度关系到数据的完整性和真实性。

第二，财务信息管理系统还需要建立信息稽核机制，使企业所有财务数据都处于"被管理"状态中。例如，系统对财务数据的捕捉是随时随地的，一旦有新的财务数据出现，财务人员应及时查阅和处理，并将财务数据归类和储存。一旦企业经营活动发生异议，可通过调阅数据的方式还原真相，一切商业活动都将有据可依、有法可循。

第三，财务信息系统的稽核。需结合企业内部外部审计机制，兼容审计管理平台的工作，使审计工作也纳入财务管理过程，进一步提升财务信息质量。另外有些业务较为复杂的公司，财务人员虽然不一定具有全部专业胜任能力，也可以借助内部、外部专家开展工作。将专家工作的成果对接到信息系统，提升整体稽核效能。

（五）打造高水平员工队伍

第一，不断提升人才招聘标准、扩大人才招聘范围，并在招聘过程中严格把关，特别是注重筛选复合型人才，对面试者的技能和道德开展双向评估，以满足企业财务管理信息化建设需求。

第二，完善现有人才培养制度，特别是财务人员培养内容和方式，定期组织理论授课、实践教学双向培训，充实财务人员理论知识的同时提升其实践操作能力。

第三，企业可抽调各部门中的佼佼者组成财务信息化建设工作小组，以便从财务、业务两个方面共同推进信息化建设。在网络经济高度发展的时代背景下，财务管理信息化将成为企业提高市场竞争力的必要手段。

第四，信息化建设工作专业性较高。规模较大的企业可以设置专门的信息管理部门，解决公司信息系统搭建和维护问题；规模较小的企业可以外包专业团队为企业服务。

参 考 文 献

[1] 胡娜. 现代企业财务管理与金融创新研究[M]. 长春：吉林人民出版社，2020.

[2] 孙焱林. 企业战略管理[M]. 武汉：华中科学技术大学出版社，2020.

[3] 李艺，陈文冬，徐星星. 企业战略管理[M]. 成都：电子科技大学出版社，2020.

[4] 钱坤，俞荟，朱蕾. 企业管理[M]. 北京：北京理工大学出版社，2020.

[5] 张艳霞，高翔. 现代企业营销策略创新研究[M]. 长春：吉林教育出版社，2020.

[6] 蒲晓芳. 大数据背景下企业营销研究[M]. 长春：东北师范大学出版社，2019.

[7] 彭艳，马娅，吴成雨. 现代企业管理[M]. 南昌：江西高校出版社，2019.

[8] 文理. 企业战略管理[M]. 合肥：中国科学技术大学出版社，2019.

[9] 薛丽红，李晓宁. 现代企业管理[M]. 北京：北京理工大学出版社，2019.

[10] 陈媛. 中国企业营销实践研究[M]. 北京：现代出版社，2019.

[11] 董德民. 中小企业管理信息化研究[M]. 北京：经济科学出版社，2013.

[12] 董绮. 现代企业营销新战略及资源整合[M]. 延吉：延边大学出版社，2018.

[13] 杜勇，鄢波. 企业财务管理[M]. 重庆：西南师范大学出版社，2011.

[14] 讣国君. 闭环供应链下的配送和库存理论及运用[M]. 北京：中国物资出版社，2007

[15] 李后均，胡豪. 人力资源战略管理[M]. 北京：清华大学出版社，北京交通大学出版社，2010.

[16] 李健，侯书生. 信息化管理——企业管理的时代浪潮[M]. 成都：四川大学出版社，2016.

[17] 李庆文，理阳阳，徐沁. 现代企业市场营销策略与模式研究[M]. 北京：

中国商务出版社，2011.

[18] 李晓龙，李锦瑾，孙慧. 现代物流企业管理[M]. 北京：北京大学出版社 2009

[19] 李勇建. 供应链上的新元素——企业逆向物流管理实践[M]. 北京：人民交通出版社，2006

[20] 刘翠芳. 现代企业人力资源管理[M]. 北京：北京大学出版社，2006.

[21] 刘娥平. 企业财务管理[M]. 北京：北京大学出版社，2014.

[22] 刘胜军. 企业财务管理[M]. 哈尔滨：哈尔滨工程大学出版社，2015.

[23] 刘希俭. 企业信息化管理实务[M]. 北京：石油工业出版社，2013.

[24] 刘昕. 人力资管理[M]. 北京：中国人民大学出版社，2012.

[25] 刘媛，姜剑，胡琳. 企业财务管理与内部审计研究[M]. 西安：黄河水利出版社，2019.

[26] 彭斌. 企业财务管理[M]. 北京：经济管理出版社，2015.

[27] 宋玉贤. 企业信息化管理[M]. 北京：北京大学出版社，2006.

[28] 汪玉弟. 人力资源战略管理[M]. 上海立信会计出版社，2007.

[29] 王绍东，张国霞等. 企业人力资源管理[M]. 北京：清华大学出版社，2012.

[30] 杨国春. 现代企业管理[M]. 成都：电子科技大学出版社，2019.

[31] 于艳. 企业财务管理实践应用[M]. 北京：中国纺织出版社，2019.

[32] 袁清文，张策. 企业信息化管理与应用[M]. 北京：机械工业出版社，2012.

[33] 张佩云. 人力资管理[M]. 北京：清华大学出版社，2008.

[34] 周良毅，林敏晖，刘锋. 供应链管理[M]. 北京：电子工业出版社，2010.

[35] 周晓梅，郑伟发. 企业管理信息化[M]. 武汉：华中科技大学出版社，2012.

[36] 祝宝江，周荣虎，陈国. 企业管理[M]. 上海：上海交通大学出版社，2017.

[37] 邹辉霞. 供应链物流管理[M]. 北京：清华大学出版社，2010

[38] 程刚. 企业管理信息化模式及实施保障体系[M]. 中国科学技术大学出版社，2003.

[39] 滕佳东. 企业信息化建设与企业管理创新[J]. 商业研究，2004（1）：2.

[40] 程刚. 推进我国企业管理信息化的对策研究[J]. 情报杂志，2003，22

（11）：3.

[41] 丁涛. 我国企业管理信息化问题研究[J]. 企业改革与管理，2016（7）：1.

[42] 吕璨，贾俊美. 我国企业管理信息化探析[J]. 中小企业管理与科技，2014（7）：2.

[43] 田丹. 企业信息化与企业管理变革[J]. 经济师，2000（9）：3.